C.H.BECK WISSEN

Seit der Antike fällt der lange Schatten der Sklaverei auf die Weltgeschichte. Auch heute noch leben schätzungsweise 40 Millionen Menschen in «moderner Sklaverei». Andreas Eckert zeichnet in diesem Band die Geschichte einer Institution nach, die in ganz unterschiedlichen Ausprägungen in allen Weltregionen und zu allen Zeiten anzutreffen ist. Nicht zuletzt in Afrika und im atlantischen Raum spielte sie eine zentrale Rolle. Eckerts kenntnisreiche Darstellung geht auch der Frage nach, was Sklavenhändler und -halter dazu bewogen hat, derart grausame Verhältnisse zu schaffen und zu unterhalten, welche Spielräume Versklavte sich zu erkämpfen vermochten, und wie es dazu kam, dass aus einem akzeptierten Übel eine allgemein geächtete Abscheulichkeit werden konnte.

Andreas Eckert ist Professor für die Geschichte Afrikas an der Humboldt-Universität zu Berlin. Er ist einer der führenden Experten für die Geschichte der globalen Arbeit und Sklaverei in Deutschland.

Andreas Eckert

GESCHICHTE DER SKLAVEREI

Von der Antike bis ins 21. Jahrhundert

C.H.Beck

2., ergänzte Auflage. 2024

Originalausgabe

www.chbeck.de
Reihengestaltung Umschlag: Uwe Göbel (Original 1995, mit Logo), Marion Blomeyer (Überarbeitung 2018)
Umschlagabbildung: Längsschnitt und Belegungsplan eines Sklavenschiffes. Kreidelithographie, koloriert, anonym, nach Vorlage von 1808 © akg-images Berlin
Satz: C.H.Beck.Media.Solutions, Nördlingen
Druck und Bindung: Druckerei C.H.Beck, Nördlingen
Printed in Germany
ISBN 978 3 406 81821 9

myclimate

verantwortungsbewusst produziert
www.chbeck.de/nachhaltig

Inhalt

I. Einleitung*

Sklaverei in der Geschichte: ein globales Panorama

«Oh welch ein Schurk' und niedrer Sklav' bin ich», lässt William Shakespeare Hamlet, den dem Untergang geweihten Prinzen von Dänemark, am Ende des zweiten Aktes seines Stückes «Hamlet» ausrufen. Hamlet war ein Prinz und folglich so weit entfernt vom Status eines Sklaven wie nur möglich. Zudem war Sklaverei weder in Dänemark, wo das Stück spielte, noch im England des frühen 17. Jahrhunderts, wo es aufgeführt wurde, verbreitet. Shakespeare konnte jedoch davon ausgehen, dass die Idee von Sklaverei selbst in Regionen verankert war, in denen man selten einen Sklaven traf oder Gefahr lief, versklavt zu werden. Er nutzte effektvoll die mit Sklaverei verbundenen zeitgenössischen Vorstellungen: Ein Sklave zu sein oder sich als ein solcher zu fühlen, hieß abgrundtief verzweifelt zu sein, denn kein Zustand konnte schlimmer sein als die Existenz als Sklave. Sklaverei stand für eine Form der Ausbeutung, in der ein menschliches Wesen der Besitz einer anderen Person war. Seit Aristoteles galt Sklaverei überdies als ein von Natur aus gegebener Zustand von Menschen, ein Status, der beeinflusste, wie man über sich dachte, wenn man Sklave war, und wie andere über Sklaven dachten. Für die Bewohner des elisabethanischen Englands stand Versklavung für Entmenschlichung; eine Frau oder einen Mann wie einen Sklaven zu behandeln bedeutete, sie wie ein Tier zu behandeln.[1]

* So kurz dieses Buch ist, so sehr hat es von den kritischen Hinweisen und Kommentaren von Freunden und Kollegen profitiert. Mein Dank geht an Felix Brahm, Alexander Keese, Jürgen Kocka, Christoph Marx, Juliane Schiel, Jürgen Schmidt, Daniel Tödt und Aloys Winterling.

Als Shakespeares «Hamlet» erstmals aufgeführt wurde, begannen der transatlantische Sklavenhandel und die Plantagenwirtschaft in den Amerikas und der Karibik gerade Fahrt aufzunehmen. Zwischen dem späten 15. und dem frühen 19. Jahrhundert kamen in den Amerikas auf jeden Einwanderer aus Europa mindestens zwei afrikanische Sklaven. Über den Atlantik zwangsverschiffte Afrikaner und ihre Nachkommen lieferten ein Gutteil jener Arbeitskraft, welche die Entstehung dynamischer Ökonomien und die Schaffung internationaler Massenmärkte für Konsumgüter wie Zucker, Reis, Tabak, Farbstoffe und Baumwolle erst ermöglichte. Dennoch galt die «Neue Welt» von Beginn an bei vielen zugleich als gelobtes Land, als Ort des Neubeginns, der Möglichkeiten bot, sich von den Fesseln und Abhängigkeiten der Vergangenheit zu lösen. Paradoxerweise schien also die Entwürdigung von Millionen Menschen, die in Unfreiheit auf den Plantagen schufteten, eine Vielzahl anderer Personen erst in die Lage zu versetzen, ihr Schicksal nun in die eigenen Hände zu nehmen und sich gleichsam neu zu erschaffen.[2]

Der nordamerikanische Bürgerkrieg führte zur Befreiung der meisten Sklaven in der «Neuen Welt» und übte zudem indirekten Einfluss auf das Schicksal der Unfreien in der Karibik und in Lateinamerika aus. Das Zeitalter der Emanzipation, das mit der Revolution in Haiti 1791 einsetzte und mit dem «Goldenen Gesetz», der Sklavenbefreiung in Brasilien 1888, endete, verschob das Problem von Sklaverei und Freiheit lediglich auf eine neue Ebene. Im 21. Jahrhundert ist das Erbe der Sklaverei von Kanada bis Chile weiterhin sichtbar. Die Nachfahren von rund zwölf Millionen unfreiwilligen Migranten aus Afrika leiden noch immer unter dem Stigma der sklavischen Abhängigkeit, das zum Beispiel durch Rassismus, Armut und begrenzte Aufstiegsmöglichkeiten aufrechterhalten wird. Die 2013 gegründete Bewegung «Black Lives Matter» etwa, die sich gegen strukturellen Rassismus, Polizeigewalt und Diskriminierung von Afroamerikanern wendet, thematisiert diese Kontinuität.

Der lange Schatten der Sklaverei fällt jedoch nicht allein auf die Amerikas. «Niemand darf in Sklaverei oder Leibeigenschaft gehalten werden. Sklaverei und Sklavenhandel sind in allen Formen verboten.» So steht es zwar in der Allgemeinen Erklärung der Menschenrechte von 1948. Die Realität sieht heutzutage freilich anders aus. In jüngeren Dokumenten der Internationalen Arbeitsorganisation (ILO) in Genf ist von weltweit nahezu 40 Millionen Menschen in «moderner Sklaverei» die Rede, mehrheitlich Kinder und Frauen. Andere Schätzungen nennen sogar noch wesentlich höhere Zahlen.[3] Sklaverei und der Handel mit Menschen sind aktuell ein wahrhaft globales Phänomen, zu finden auch mitten in Europa. Das Gros der Versklavten hat weder die Möglichkeit noch das Wissen, an die Öffentlichkeit zu gehen oder gar vor einem ordentlichen Gericht zu klagen. Anders als in früheren Jahrhunderten sind gegenwärtige Formen der Sklaverei illegal und laufen weitgehend im Dunkeln ab. Und anders als damals sind Sklaven in der Regel keine teure Investition mehr, sondern zumeist «preiswert» und leicht ersetzbar. Schließlich verschwimmt häufig die Grenze zwischen Sklaverei und «freien», aber ausbeuterischen Arbeitsverhältnissen. Auf dieser Grundlage ist es schwierig, verlässliche quantitative Angaben über Sklaverei im 21. Jahrhundert zu finden. Fest steht, dass sich die «sehr alte Schlange Sklaverei» (Michael Zeuske) zwar immer wieder gehäutet hat, aber nicht totzukriegen ist, mithin über weite Strecken der Weltgeschichte als Normalfall, nicht als Ausnahme erscheint und bis heute präsent ist.[4]

Der Althistoriker Moses Finley hat die grundlegende Unterscheidung zwischen Sklavengesellschaften und Gesellschaften mit Sklaven eingeführt. Während Gesellschaften mit Sklaven in nahezu allen Weltregionen zu finden waren, zählt Finley lediglich fünf Sklavengesellschaften, in denen Sklaven einen relevanten Teil (mindestens ein Fünftel) der Bevölkerung ausmachten und Sklaverei ein zentraler Pfeiler der Ökonomie und sozialen Ordnung war: im klassischen Griechenland, im Römischen Reich sowie in der atlantischen Welt der Frühen Neuzeit, in Brasilien, auf den Inseln der Karibik und im südlichen Teil Nordamerikas.[5] Finleys Ansatz erfuhr große Resonanz, trug zugleich aber dazu bei, dass sich die Sklavereiforschung und damit verbundene methodische Debatten sehr stark auf die fünf genannten Sklavengesellschaften konzentriert haben. Und nicht zuletzt durch die globale Dominanz der angloamerikanischen Sklavereiforschung und ihre Schwerpunkte beherrschten der atlantische Raum und insbesondere die nordamerikanische Sklaverei lange Zeit den Markt des Wissens zu diesem Thema. In den vergangenen Jahren erweiterte sich der Blick der Sklavereiforschung beträchtlich, und Regionen wie China und Indien rückten verstärkt in das Blickfeld, während Sichtweisen auf Sklaverei etwa im Osmanischen Reich einer grundlegenden Revision unterzogen wurden.

Doch nicht nur für die meisten Amerikaner ruft «Sklaverei» das Bild von schwarzen Sklaven, weißen Herren und Baumwollfeldern auf. Dieses Bild ist akkurat und irreführend zugleich. In der Tat, in den Vereinigten Staaten und im gesamten atlantischen Raum war Sklaverei eng mit «Rasse» und der Arbeit auf dem Feld oder der Plantage verbunden. Obgleich die spanischen Eroberer zunächst, ebenso wie einige frühe britische Kolonisten, auch amerikanische «Ureinwohner» versklavten, war ab dem 17. Jahrhundert die Mehrzahl der Sklaven in den Amerikas aus Afrika oder afrikanischer Abstammung. Baumwolle war im 19. Jahrhundert zwar das wichtigste Anbauprodukt in den Vereinigten Staaten, doch insgesamt arbeiteten in den Amerikas weit mehr Sklaven auf Zuckerrohrplantagen. Zudem wurden Sklaven in der «Neuen Welt» in der Produktion von Tabak, Reis, Indigo, Weizen und Kaffee eingesetzt. Viele Tausend schufteten in Minen. Andere wiederum verkauften Lebensmittel in den Straßen kolonialer Städte, fällten Bäume, gehörten etwa in Virginia zu den ersten Industriearbeitern oder waren Cowboys in Brasilien und South Carolina. Diese Liste bildet nur einen kleinen Teil der Tätigkeiten ab, zu denen Sklaven im Verlauf der Geschichte gezwungen wurden.

Sklaven arbeiteten. Wann, wo und vor allem wie sie arbeiteten, bestimmte wesentlich den Lauf ihres Lebens. Sklaverei unterscheidet sich von anderen Formen der Zwangsarbeit durch die ausschließliche, totale Kontrolle und Abhängigkeit in Verbindung mit der Tendenz, auf Gewalt zu gründen. Anders als in Rom oder den Amerikas war diese Totalität der Kontrolle, das

Gefühl des Eigentums und des Anspruchs, der mit dem Status des Sklavenbesitzers einherging, häufig ebenso wichtig wie die Arbeit der Sklaven oder die Produkte ihrer Arbeit. In so unterschiedlichen Gesellschaften wie denen eines Teils der arabischen Welt, im Pazifik oder in Mexiko nutzten Herren ihre Sklaven, um ihr Prestige zu erhöhen, zur Befriedigung ihrer persönlichen Obsessionen und auf andere nicht-ökonomische Weisen, die eine Logik des Konsums nahelegen – des Konsums von Menschen. Selbst in den Amerikas, wo die Produktion von Plantagengütern den Ton in der Sklaverei angab, hielten englische Zuckerbarone in Westindien und nordamerikanische Reis- und Baumwollpflanzer Haussklaven in einer Anzahl, die weit über ihre Komfortbedürfnisse hinausging, um ihren sklavenbesitzenden Nachbarn und ihren Konkurrenten ihren Wohlstand zu demonstrieren.

Im Gegensatz zu den Amerikas spielte «Rasse» für die Unterscheidung zwischen Herren und Sklaven vielerorts und zu vielen Zeiten keine zentrale Rolle. Im antiken Mittelmeerraum kam die Mehrzahl der Sklaven aus Gesellschaften, welche von den Griechen und Römer als «Barbaren» angesehen wurden. Es gab jedoch auch griechische Sklaven in Griechenland und italische Sklaven in Rom. In weiten Teilen Asiens scheint geteilte Ethnizität Versklavung nicht ausgeschlossen zu haben: Es fanden sich chinesische Sklaven in China und koreanische in Korea. Afrikaner verstanden sich selbst als vielen verschiedenen Gruppen zugehörig, und die Muslime unter ihnen betrachteten Nicht-Muslime als *Kaffirs*, als Ungläubige, die versklavt werden konnten. Es ist freilich sehr problematisch, ein heutiges Verständnis von Ethnizität und Zugehörigkeit an die Vergangenheit heranzutragen und etwa alle einheimischen Bewohner Amerikas als «Indianer» oder die verschiedenen Gesellschaften in Indien und benachbarten Regionen als «Südasiaten» zu bezeichnen. Diese Zuordnungen waren den Menschen selbst damals unbekannt, die nichts Unmoralisches dabei empfanden, Individuen von anderen Gruppen aus ihrer Region zu versklaven. Die Azteken in Mexiko versklavten die mittelamerikanischen Bevölkerungen, die sie im 15. Jahrhundert unterwarfen.

Pazifische Gesellschaften auf Hawaii und in Neuseeland hielten Sklaven, die von ihren Inseln stammten. Im Mittelalter versklavten europäische Christen sogenannte Heiden, im 16. Jahrhundert versklavten russische Adelige andere Slawen, und in den 1930er Jahren erlitten Tausende von politischen Gefangenen in der Sowjetunion Bedingungen, die der Sklaverei glichen. Zur gleichen Zeit errichteten die Nationalsozialisten in Konzentrationslagern ein an Sklavenarbeit gemahnendes Zwangsarbeitsregime, dem sie neben Juden auch Russen, Polen, andere Europäer und ihre eigenen Landsleute unterwarfen.[6]

Neben Familie und Religion gehört Sklaverei zu den wohl am weitesten verbreiteten sozialen Institutionen der Menschheitsgeschichte. Folgen wir einigen Historikern, setzte sie spätestens mit der Sesshaftwerdung und Verbäuerlichung der Menschheit ein, also mit der neolithischen Revolution ab 10 000 v. Chr. Ein zentrales Ereignis der jüdisch-christlichen Tradition ist der Auszug hebräischer Sklaven aus Ägypten im 13. vorchristlichen Jahrhundert. Sklaven in Babylonien, Assyrien, Griechenland und Rom bauten jene großen Steinmonumente, die wir noch heute als Kennzeichen dieser antiken Zivilisationen bewundern. Sie arbeiteten zudem auf den Äckern reicher Adeliger, schwitzten unter Tage, ruderten Galeeren und übten alle möglichen anderen niederen Tätigkeiten aus, die wir mit der Last moderner Sklaven assoziieren. Aber es gab auch Sklaven, die angesehenen Berufen etwa als Mediziner nachgingen, als Gladiatoren ein größeres Publikum unterhielten, die Kinder prominenter Familien erzogen, als Soldaten für ihre Herren kämpften und etwa in Indien oder im Mittleren Osten in der Militärhierarchie bis an die Spitze aufsteigen konnten oder als Beauftragte politischer Akteure Einfluss ausübten. Chinesische Dynastien, Herrscher in vielen Regionen Südostasiens, muslimische politische Autoritäten und Könige in Afrika umgaben sich mit Sklavensoldaten, häufig Eunuchen, und überhäuften sie nicht selten mit Privilegien.

Im späten 15. Jahrhundert war Sklaverei nahezu überall in der muslimischen Welt sowie in vielen Regionen Südeuropas verbreitet, darunter auch in Spanien und Portugal, wo sie vornehmlich als Quelle für Haussklaven und städtische Arbeiter in den rasch wachsenden urbanen Zentren der Renaissance diente. Die Portugiesen führten Afrikaner, die sie von ihren ersten Reisen an die Westküste Afrikas mitgebracht hatten, in diese Märkte ein. Kolumbus kehrte 1495 aus Amerika mit gefangenen Kariben zurück, die er in Spanien als Sklaven zu verkaufen gedachte. Innerhalb weniger Jahre versklavten die Spanier eine große Zahl von Einheimischen, um sie in den Minen und auf den Feldern ihrer amerikanischen Kolonien arbeiten zu lassen, bis ein Großteil der Indios durch Überarbeitung und eingeschleppte Krankheiten dahingerafft wurde. Die Spanier suchten den Mangel an einheimischen Arbeitskräften durch die Einfuhr von aus Afrika verschleppten Sklaven zu kompensieren.

Die Portugiesen in Brasilien hatten im 16. Jahrhundert zunächst ebenfalls Einheimische versklavt. Mit dem Aufstieg des Zuckers zum zentralen Plantagenprodukt stieg der Bedarf an Arbeitskräften für die Zuckerrohrfelder jedoch immens. Zunehmend wurden nun Sklaven aus Afrika importiert. In den folgenden zwei Jahrhunderten entwickelte sich in der Karibik angebauter Zucker, «die süße Macht» (Sidney Mintz), zum Kolonialprodukt schlechthin und zum wichtigsten internationalen Exportgut überhaupt in der Frühen Neuzeit. Die Engländer begannen in ihren nordamerikanischen Besitzungen zudem Tabak, Reis und schließlich Baumwolle anzubauen. In beiden Regionen dienten afrikanische Sklaven und ihre Nachkommen als Arbeitskräfte. Die Ausdehnung des Welthandels mit Europa als wichtigstem Knotenpunkt veranlasste in der Folge weitere Kolonialmächte und viele einheimische Pflanzer, Sklaven in Südostasien, Indien und in der arabischen Welt einzusetzen. Russische Gutsbesitzer unterwarfen ihre Bauern einer der Sklaverei ähnlichen Leibeigenschaft. Aus Afrika wurden im Laufe der Jahrhunderte nicht nur rund 12 Millionen Sklaven, in der Mehrzahl Männer, in die Amerikas und die Karibik zwangsverschifft; viele Sklaven, darunter zahlreiche Frauen, blieben auf dem Kontinent, um als Ehefrauen und Arbeiterinnen die Netzwerke zu stützen, die afrikanische Herrscher und Unternehmer aufgebaut hatten, um die Europäer mit menschlicher Ware zu versorgen. Im 19. Jahrhundert, als Europa die Ideale der Freiheit und Würde des Menschen feierte, schufteten nahezu überall sonst mehr Menschen als zuvor in Knechtschaft und waren massiver Erniedrigung und körperlicher Misshandlung ausgesetzt. Und trotz der Tatsache, dass der rechtliche Besitz an Menschen im Laufe des 20. Jahrhunderts weltweit verboten wurde, existiert Sklaverei weiterhin in vielfältigen Formen in allen Weltregionen. Dass Menschen über andere und gegen deren Willen verfügen, ist immer noch allgegenwärtig.

Definitionen: Institution, Handlungsmacht oder Prozess?

Lässt sich ein solch ubiquitäres, wahrhaft globales Phänomen wie Sklaverei überhaupt definitorisch bändigen? Die konventionelle Definition von Sklaven als «Personen im Besitz einer anderen Person» erscheint für solche Regionen sinnvoll, in denen kommerzielle Praktiken und Rechtsgrundsätze «Besitz» zum zentralen Vehikel für Kontrolle und Überlegenheit erhoben. In Rom und modernen westlichen Gesellschaften war der Unterschied zwischen einem Vertragsarbeiter und einem Sklaven formal eindeutig: Vertragsarbeiter verkauften ihre Arbeitskraft an einen Käufer, der über die Zeit und die Arbeitskraft der Arbeitenden für den im Vertrag geregelten Zeitraum verfügen konnte, nicht jedoch darüber hinaus. Der Besitzer eines Sklaven hingegen verfügte dauerhaft über dessen Körper und besaß überdies die Kinder, die Sklavinnen zur Welt brachten. In vielen anderen Gesellschaften hat die Vorstellung von Eigentum in Bezug auf Sklaven weniger legalistische und kommerzielle Züge angenommen und beinhaltete eher selten die Option des «Verkaufs». Für Sklaven waren diese Formen persönlicher Abhängigkeit jedoch nicht weniger bedrückend. Ein weiteres Kennzeichen von Sklaverei besteht in den verminderten Rechten und Kapazitäten, die Sklaven zugestanden wurden. In der Mehrzahl der westlichen Kolonien und Nationen konnten Sklaven keinen Besitz haben und Familien gründen, keinen rechtlich verbindlichen Vertrag abschließen und besaßen keine politischen Rechte. In den Vereinigten Staaten durften Sklaven vor Gericht nicht als Zeugen in einem Verfahren gegen eine freie Person aussagen. In muslimischen Gesellschaften blieben Sklaven die Segnungen der Zugehörigkeit in der religiösen Gemeinschaft (*umma*) verwehrt.

Die meisten Sklavereidefinitionen beruhen auf einer normativen, universalisierenden Modellbildung, die eigene Prämissen oft ungefragt perpetuiert. Die Vorstellung von Sklaverei als einer Institution ist eng verknüpft mit der Entwicklung der nordamerikanischen Forschung über die atlantische Sklaverei, die das Feld bis heute stark prägt. In seiner grundlegenden, 1966 veröffentlichten und mit dem Pulitzerpreis ausgezeichneten Studie «The Problem of Slavery in Western Culture» legte der amerikanische Historiker David Brion Davis die Kontinuität von Sklaverei vom klassischen Griechenland bis zur Abolition im frühen 19. Jahrhundert dar. Ausgangspunkt seiner Untersuchung war die Frage, warum Sklaverei – über mehrere tausend Jahre ein akzeptiertes Übel – plötzlich als eine solch massive Abscheulichkeit erschien, dass die europäischen Regierungen den Prozess ihrer Abschaffung in einer Art und Weise vorantrieben, die die moderne Welt substantiell veränderte. Davis verwies in dieser und in folgenden Studien als einer der Ersten nachdrücklich auf das Paradox der westlichen Geschichte, dass Sklaverei gerade in den Perioden florierte, die gemeinhin als Hochzeiten westlicher Traditionen der Freiheit gelten. Er nannte in diesem Zusammenhang das klassische Griechenland als Geburtsort der Demokratie, das Römische Reich als zivilisationsbringende Kraft für das barbarische nordwestliche Europa, Florenz im 15. Jahrhundert auf dem Höhepunkt des Humanismus und der Renaissance, schließlich die Geburt moderner bürgerlicher Freiheiten in den Amerikas. Kaum jemand personifizierte dieses Paradox so eindrücklich wie Thomas Jefferson. Der Hauptautor der amerikanischen Unabhängigkeitserklärung und dritte Präsident der Vereinigten Staaten sah in der Sklaverei einen «scheußlichen Fleck» im Antlitz der jungen Nation und mochte doch auf Sklavenarbeit als Quelle des Wohlstands nicht verzichten.

Davis betonte überdies die neue Qualität von Sklavereipraktiken in der «Neuen Welt» seit dem 16. Jahrhundert, die sich durch einen vertieften Grad der Exklusion auszeichnete, welche wiederum auf Rassevorstellungen beruhte, die lediglich Afrikaner als zu versklavende Personen definierten. Die Unterschiede zwischen antiker und moderner Sklaverei sah er also im Aspekt der «Rasse» und verknüpfte auf diese Weise «Sklaverei» und «Rasse» als «teuflische Zwillinge» staatsbürgerlichen Ausschlusses. Für Davis wie für viele liberale Kritiker von Rassismus und Sklaverei seiner Generation waren die beiden Elemente so eng verwoben, dass sie die moderne Sklavereiforschung auf das Anliegen gründeten, die Verweigerung der verfassungsmäßig für alle amerikanischen Bürger garantierten Bürgerrechte für Menschen afrikanischer Herkunft mit Rassismus zu erklären und diesen in seiner aktuellen Gestalt zugleich zu bekämpfen. Dabei standen sich zwei Erklärungsmuster gegenüber. Das eine argumentierte, der offenkundig in der westlichen und insbesondere englischen Kultur eingeschriebene institutionalisierte Rassismus habe Nordeuropäer gleichsam prädisponiert, Afrikaner zu versklaven, als sie im Zuge der atlantischen «Entdeckungen» auf sie trafen. Die andere, am Ende überzeugendere Richtung besagte, es sei die aus ökonomischen oder anderen Gründen vollzogene Entwürdigung der Versklavung gewesen, die in der Folge Afrikaner und *African Americans* rassistischer Verachtung ausgesetzt habe. Die Sklaverei als Wirtschaftssystem entfaltete mit der Zeit eine solche Dynamik, dass es notwendig schien zu erklären, warum hier Menschen zur ökonomischen Ware herabgesetzt wurden. «In dieser faktischen Degradierung der Afrikaner zu verfügbaren Arbeitstieren lag der eigentlich historische Ursprung für die spätere Platzierung auf der alleruntersten Stufe der Rassenhierarchien.»[7]

Der politisierte Kontext, in dem die Sklavereiforschung nach dem Zweiten Weltkrieg nicht zuletzt in den Vereinigten Staaten agierte, erklärt des Weiteren die Zentralität des Begriffs «Freiheit», der sich sowohl auf durch garantierte Bürgerrechte gestützte persönliche Autonomie bezog als auch die Vorliebe liberaler Ökonomen für die vermeintlich positiven Effekte von freien Märkten, freiem Handel, besonders aber freier Lohnarbeit zum Ausdruck brachte. In der Ära des Kalten Krieges, in welcher der akademische Zweig der Sklavereistudien seinen Aufschwung nahm, galten die Tugenden der freien Arbeit als wesentliche Stütze der wirtschaftlichen Prosperität der «Freien Welt» und konnten mit den ökonomischen Schwächen und der Unterdrückung von Menschen in sozialistischen Regimen kontrastiert werden. Wirtschaftshistoriker übersetzten diese Ideologie etwa in ihrer Erforschung der nordamerikanischen Sklavenwirtschaft in der Zeit vor dem Bürgerkrieg, indem sie Sklaverei als ein institutionelles Entwicklungshindernis deuteten, das durch die Einführung freier Lohnarbeit aus dem Weg geräumt werden konnte.[8]

Sklaverei war in diesem Zusammenhang Teil eines vage definierten Sets von inakzeptablen, überholten und ineffizienten Formen der Arbeit, die als «Knechtschaft» oder «unfrei» etikettiert wurden, mithin das Gegenteil des als normativ konzipierten Ideals freier Arbeit repräsentierten. Die Kategorie der «unfreien Arbeit» ließ sich auch problemlos mit der Tendenz verbinden, Sklaverei und Rassismus zu verknüpfen. Auf diese Weise entstand sowohl in der akademischen Literatur als auch in der modernen Populärkultur ein stark stereotyper Begriff von Sklaverei, der direkt auf dem von den Abolitionisten des 19. Jahrhunderts entwickelten negativen Kontrast beruhte. Den Gegnern der Sklaverei war es seinerzeit darum zu tun, die Emotionen vornehmlich der nordatlantischen Öffentlichkeit gegen alle Begrenzungen der persönlichen Freiheiten und des materiellen Fortschritts zu mobilisieren, welche die neue kapitalistische Ordnung zu bieten versprach. Die «Institution Sklaverei» geriet zu einem abstrakten, statischen, ja ahistorischen Konstrukt, das die Dynamik, Langlebigkeit und Vielfalt von Sklaverei nicht abzubilden vermochte, gleichwohl zum Verständnis der Knechtschaft von Menschen für alle Zeiten und Regionen herangezogen wurde.[9] Neuere Forschungen zum Mittelalter, aber auch zu Afrika haben dagegen etwa betont, dass die im «atlantischen Modell» eingebaute binäre Konzeption von «Unfreiheit» und «Freiheit» den Lebensrealitäten vieler Sklaven nicht gerecht wird, und verweisen auf die «Hybridität und Fluidität der Figur des Sklaven. Wie groß die Handlungsmacht der Sklavinnen und Sklaven war […] war stets kontext- und situationsabhängig und konnte auch innerhalb einer Region und einer Zeit von Fall zu Fall stark variieren.»[10] In diesem Zusammenhang haben sich insbesondere Perspektiven der historischen Semantik sowie ein Fokus auf die Praktiken von Sklaverei als nützlich erwiesen, jedenfalls dort, wo die Quellenlage es zulässt.[11]

Die brillanteste und wohl wirkungsreichste Darstellung der «Institution Sklaverei» stammt aus der Feder des jamaikanischen Soziologen Orlando Patterson. Seine Studie setzte einen metaphorischen «sozialen Tod» als zentralen Zustand von Sklaverei.[12] In seiner vergleichenden Untersuchung von 66 sklavenhaltenden Gesellschaften von der Antike über das mittelalterliche Europa bis zum vorkolonialen Afrika und Asien verband Patterson statistische Analysen und umfassende Literaturforschung mit profunden theoretischen Reflexionen, die aus der marxistischen Theorie, der symbolischen Anthropologie, Recht, Philosophie und Literatur schöpften, um eine, wie er es nannte, «vorläufige Definition von Sklaverei auf der Ebene persönlicher Beziehungen» vorzulegen. Gewalt, die Missachtung von Personalität, Entehrung sowie Namenlosigkeit sah er als die konstituierenden Aspekte von Sklaverei an und leitete daraus eine transhistorische Charakterisierung von Sklaverei als «dauerhafte, gewaltförmige Herrschaft über wurzellose, entfremdete und fundamental entehrte Personen» ab. Die Institution Sklaverei war und ist ihm zufolge eine «Herrschaftsbeziehung», in der Sklavenhalter Menschen sozial vernichteten, indem sie zunächst deren sinnstiftende Beziehungen zerstörten, die durch persönlichen Status und Zugehörigkeit, gemeinschaftliche Erinnerung und kollektive Bestrebungen und Sehnsüchte definiert wurden, um diese dann «sozial toten» Personen der Welt der Herren einzuverleiben.

Pattersons ging es in seiner theoretischen Abstraktion darum, anhand eines idealtypischen Sklaven gleichsam das Wesen von Sklaverei aufzuzeigen, nicht um die Beschreibung der gelebten Erfahrungen der Versklavten. Genau darauf zielten indes Forschungen zum Widerstand oder auch zum Alltag von Sklaven, die mit dem Konzept des sozialen Tods wenig anzufangen wussten. Ausgangspunkt war hier häufig die «Handlungsmächtigkeit» (*agency*) der Sklaven, ihre eigensinnigen Aktivitäten als Subjekte mit Entscheidungsoptionen. Dabei wurden die *agency* der Schwachen und die Macht der Starken häufig als einfache Gegenstücke konzipiert. Die Macht der Sklavenhalter und die durch Sklaverei angerichtete Zerstörung konstituierten demnach grundsätzlich eine negative oder begrenzende Kraft, welche die transformative Handlungsmacht der Sklaven einschränkte, blockierte, paralysierte oder deformierte. In diesem Sinne teilen jene, die die zersetzende Kraft von Sklaverei hervorheben, und jene, die Widerstand und Resilienz betonen, die gleiche Grundannahme. Die gewaltförmige Herrschaft durch Sklaverei generierte jedoch politische Aktivitäten und stand ihnen nicht prinzipiell entgegen. Folglich stellt sich die Angst vor dem sozialen Tod nicht als Handlungsunfähigkeit, sondern vielmehr als potentiell produktive Kraft dar, als eine Bedrohung, die Versklavte zu Aktivitäten motivieren konnte. Der «soziale Tod» ist demnach kein Zustand, sondern eine «produktive Gefahr», Versklavung mithin eine Zwangslage, in der Versklavte und ihre Nachkommen gleichwohl nicht nachlassen, eine Politik der Zugehörigkeit, des Trauerns und der Regeneration zu verfolgen. Der Geschichte der Sklaven liegt zwischen Widerstand und Nichtbeachtung, nicht in der Natur ihres Zustands, sondern in ihrem fortwährenden Bemühen, diesen Zustand zu verändern oder zumindest abzumildern.[13]

Die Hinwendung von Sklaverei als Institution zu den Anstrengungen der Versklavten mündete in das grundsätzliche Anliegen, Sklaverei stärker zu kontextualisieren und, vereinfacht formuliert, der soziologischen und rechtlichen eine dynamische historische Perspektive entgegenzustellen, die Variabilität, Wandel über die Zeit in spezifischen Lokalitäten sowie die Entwicklung von Versklavungspraktiken im Verlauf der Jahrhunderte in den Blick nimmt. Das Prozesshafte von Sklaverei sucht etwa der Historiker und Afrika-Spezialist Joseph C. Miller mit dem Konzept «*slaving*» einzufangen, worunter er die Sichtbarmachung der Strategien von Versklavenden und Versklavten versteht. In diesem Zusammenhang schlägt er vor, *slaving* nicht allein als «transzendierenden Widerspruch der Entmenschlichung vor dem Hintergrund der Moderne» zu fassen, sondern als eine Strategie, die Sklavenhändler und Versklavende «in historischen Positionen der Marginalität schon immer für sich und andere in ihrem Umfeld verfolgt haben», um in eine zentralere gesellschaftliche Position zu gelangen, «ohne die Leiden zu beachten, die diese Praxis den Menschen, die sie versklavten, aufbürdeten.»[14]

Die Tatsache, dass Sklaverei moralisch so aufgeladen sei, mache diesen Schritt besonders schwierig, denn das allgemeine Interesse an diesem Thema bestehe darin, Sklavereiverhältnisse umfassend und folglich abstrakt zu verurteilen. Doch ebenso, wie wir versuchen sollten, die Hybridität und Fluidität der Figur des Sklaven und seine jeweiligen Handlungsspielräume im jeweils spezifischen historischen Kontext zu betrachten, sollten wir fragen, was Sklavenhändler und -halter dazu gebracht hat, solch grausame, gewalttätige und erniedrigende Situationen zu schaffen und aufrechtzuerhalten. Der Mediävist Ludolf Kuchenbuch hat dieses Anliegen in ein «Gebot» übersetzt: «Sei und bleibe dir der *Fluidität* der servilen Positionen, Lagen, Verhältnisse bewusst. Versuch, die *servi*, *famuli*, *serfs*, *schiavi*, *Sklaven*, *Knechte* und ihre sogenannten *masters*, *Herren*, *domini* rundum als Leute zu verstehen, die unentwegt ihre Situation zu ihren Gunsten zu ändern suchten und sich entsprechend offen oder versteckt auszudrücken verstehen.»[15]

Die folgende Reise durch die Geschichte der Sklaverei von der Antike bis zur unmittelbaren Gegenwart geht ebenfalls nicht von einer vereinheitlichten Konzeption von Sklaverei aus, wenngleich sie sich vor allem auf die «klassischen» Beispiele der Antike und des atlantischen Raums konzentriert. Dieser Fokus ermöglicht es, angesichts des sehr begrenzten Umfangs die Komplexität von Sklaverei darzulegen, ohne Gefahr zu laufen, lediglich ein unübersichtliches Potpourri vorzulegen. Der Preis dafür ist die bestenfalls sporadische Berücksichtigung von zum Teil massiven Sklavereien etwa im arabischen Raum und in Asien.[16] Die in diesem Buch unternommene Reise führt trotz der genannten Einschränkungen nicht nur in diverse Zeiten und Räume und in höchst unübersichtliches historisches Terrain, sondern auch zu Begegnungen mit nahezu allen methodischen Ansätzen und Perspektiven der Geschichtswissenschaft und benachbarter Disziplinen. Es wäre vermessen, diesem immensen Spektrum in einem kurzen Buch gerecht werden zu wollen, aber ein zentrales Anliegen besteht doch darin, zumindest ansatzweise das Große und das Kleine zu verknüpfen. Denn Sklaverei wurde konkret betrieben und erlitten, aber die Erfahrungen der Sklavenhalter und Versklavten standen zugleich im Zusammenhang weiträumiger Systeme. Die Sklavin Caterina, die im Venedig des frühen 15. Jahrhunderts des Giftmordes an ihrer Herrin verdächtigt wurde, João de Oliveira, der zu Beginn des 18. Jahrhunderts als Kind in Westafrika versklavt und nach Brasilien verschleppt wurde, um nach seinem Freikauf und der Rückkehr nach Afrika in Porto Novo und Lagos selbst unter die Sklavenhändler zu gehen, oder Mende Nazer, die eingangs dieses Jahrhunderts in London als Sklavin des Geschäftsführers der sudanesischen Botschaft darben musste – sie alle standen am Schnittpunkt ausgedehnter Strukturen und Beziehungsnetze, die für sie selbst oft undurchschaubar blieben.[17]

II. Antike und Mittelalter

Griechenland und Rom

Obgleich Griechenland und Rom in diesem Kapitel zusammen behandelt werden, wäre es in vielerlei Hinsicht irreführend, von einer «antiken Sklaverei» zu sprechen. Diese begriffliche Zusammenfassung der unterschiedlichen Ausprägungen von Sklaverei in der griechischen und römischen Welt kann sich zwar darauf berufen, dass diese zumindest in der römischen Kaiserzeit häufig als eine Einheit wahrgenommen wurde. Die Wahrnehmung beruhte auf der hohen Bedeutung eines literarischen Kanons für das Selbstverständnis der Eliten, in dem seit Homer Sklaven präsent und zum Teil prominent waren. Überdies galt für die gesamte Antike, dass in jedem «besseren Haushalt» die Bedienung durch Sklaven Teil einer unhinterfragten Normalität war. Ansonsten haben wir es, wenn wir über Sklaverei in der griechisch-römischen Welt sprechen, mit einer Fülle unterschiedlicher Systeme zu tun, die sich im Lauf der Zeit zudem erheblich wandeln konnten. Die zur Verfügung stehende Überlieferung, die nahezu ausnahmslos die Perspektive der Herren einnimmt, stellt zudem nur für einige Perioden substantiellere Informationen bereit, etwa für Athen zwischen 450 und 300 v. Chr. oder für Rom zwischen 100 v.Chr und dem dritten nachchristlichen Jahrhundert. Sklaven übten zudem ein breites Spektrum an Tätigkeiten aus. Sie spielten eine wichtige, zuweilen zentrale Rolle in den Schlüsselbereichen der Ökonomie – Landwirtschaft, Bergbau und Handwerk –, aber dienten ihren Herren auch im Haushalt und in der Verwaltung.[18] Trotz beträchtlicher Fluktuationen war Sklaverei als Konzept im Leben der mediterranen Antike immer präsent. Auf ideologischer Ebene wurden Mitglieder der Gesellschaft grob in zwei umfassende Kategorien unterteilt: in jene, die frei waren, und in jene, die unfrei waren. Der römische Jurist Gaius schrieb in seinen

«Institutiones» die mit Zwang verknüpfte Autorität, die Sklavenhalter im zweiten nachchristlichen Jahrhundert auszuüben vermochten, universellen Standards zu und hielt fest: «alle Menschen [sind] entweder Freie […] oder Sklaven.»[19]

Es sind allerdings nur wenige antike Texte überliefert, welche die Sklaverei als Institution theoretisch begründen, rechtfertigen oder erklären zu müssen glaubten. Zugleich entwarfen Griechen und Römer mit Blick auf jene Gesellschaften am Rande ihrer Einflussgebiete, aus denen sie nach gewonnenen Schlachten einen nicht unbeträchtlichen Teil ihrer Sklaven rekrutierten, eine Reihe von Feind- und Fremdenbildern. Besondere Bedeutung erlangte in diesem Zusammenhang der von den Griechen geprägte und von den Römern übernommene Begriff des «Barbaren», der gleichsam als Gegenbegriff zur Selbstbezeichnung der Griechen als «Hellenen» diente. In der griechischen Geschichtsschreibung und Philosophie finden sich einige detailliertere Darstellungen der Barbaren oder einzelner Gruppen als grausam, hinterlistig und verkommen. Für Platon etwa sind die Barbaren von Natur aus Feinde; nur mit ihnen kann es einen wirklichen Krieg geben. Und in seinem Geschichtswerk formuliert Thukydides einige negative Urteile über die Barbaren, etwa dass sie nicht zu diszipliniertem Kampf fähig seien.

Es war vor allem Aristoteles, der angesichts zeitgenössischer Zweifel an der Berechtigung der Sklaverei eine theoretische Begründung versuchte. Seine Vorstellung von einem natürlichen Sklaven, die grundlegend für alle folgenden Rechtfertigungen von Sklaverei werden sollte und hier daher ausführlicher dargelegt wird, betonte zunächst die Parallele zwischen Sklaven und domestizierten Tieren: «Die zahmen Tiere sind in ihrer Natur besser als die wilden, und für sie alle ist es vorteilhafter, vom Menschen beherrscht zu werden, denn auf diese Weise wird ihr Überleben gesichert. Ferner ist im Verhältnis (der Geschlechter) das Männliche von Natur aus das Bessere, das Weibliche das Geringerwertige, und das eine herrscht, das andere wird beherrscht. Das gleiche muss aber auch unter allen Menschen Gültigkeit besitzen: diejenigen, die voneinander so weit unterschieden sind wie Seele und Körper, Mensch und Tier – und (einige Menschen) sind tatsächlich in dieser Weise voneinander unterschieden, wenn ihre Leistung der Gebrauch des Körpers ist und dies als das Beste von ihnen (zu gewinnen) ist – diese sind von Natur aus Sklaven.»

Aristoteles fährt fort, indem er hervorhebt, dass sich bei einem natürlichen Sklaven Körper und Seele unterscheiden: «Denn von Natur ist derjenige Sklave, der einem anderen gehören kann – deswegen gehört er ja auch einem anderen – und der in dem Maße an der Vernunft Anteil hat, dass er sie vernimmt, aber sie nicht (als ein leitendes Vermögen) besitzt; denn auch die übrigen Lebewesen (besitzen) keine Vernunft, der sie gehorchen können, sondern da sie nur Sinneswahrnehmungen haben, folgen sie den Affekten. Und schließlich unterscheidet sich auch ihr nützlicher Beitrag nur wenig voneinander, denn beide, Sklaven und zahme Tiere, helfen mit dem Körper bei (der Bereitstellung) der lebensnotwendigen Mittel. Die Natur hat zwar nun die Tendenz, auch die Körper der Freien und Sklaven unterschiedlich auszubilden, die einen stark für die Verrichtung der notwendigen Arbeiten, die anderen dagegen aufrecht und untauglich für solche Tätigkeiten, jedoch tauglich für eine politische Existenz.» Aristoteles konzedierte zwar, dass Sklaven auch die Körper von freien Männern und freie Männer lediglich die Seelen, nicht aber die Körper, wie sie Freien zukommen, haben konnten, hielt dann jedoch fest: «Für einige gilt, dass sie von Natur entweder frei oder Sklaven sind, und für diese ist es vorteilhaft und gerecht, als Sklaven zu dienen.»[20]

All jene Gesetze, die Sklaven in der Nachantike als Gegenstand und Besitz definierten, bemühten zwar immer wieder die Vorstellung, Sklaven sollten in vielerlei Hinsicht wie Hunde, Pferde oder Ochsen behandelt werden. Zugleich kamen diese Gesetze nicht umhin, gleichsam das Menschsein der Sklaven anzuerkennen und regelmäßig darauf zu verweisen, dass Sklaven weglaufen konnten, ihre Besitzer überlisteten, rebellierten, mordeten, stahlen, Aufstände anzettelten oder halfen, den Staat gegen äußere Gefahr zu schützen. Kein Besitzer oder Gesetzgeber, weder im Alten Rom noch im mittelalterlichen Venedig, noch im Brasilien des 17. Jahrhunderts, ignorierte die Tatsache, dass der unterwürfige Diener ebenso ein «häuslicher Feind» sein konnte, der gewillt war, seinen Herrn zu berauben, zu vergiften und dessen Besitz in Brand zu stecken. Zu den gängigen Stereotypen über Sklaven gehört zwar auch der Verweis, sie seien loyal und treu wie gute Hunde, vor allem jedoch wurde ihnen nachgesagt, sie seien faul, unverantwortlich, rebellisch, nicht vertrauenswürdig und sexuell promiskuitiv. Das römische Recht betonte (etwa im *Codex Iustinianus*) diesen grundlegenden Widerspruch, indem es Sklaverei als einzige Institution konstruierte, die im Widerspruch zum Naturrecht stand, aber durch das Völkerrecht sanktioniert werden konnte. In anderen Worten: Sklaverei würde in einer idealen Welt perfekten Rechts nicht erlaubt sein, sei aber schlicht ein Faktum des Lebens, welches für jene Kompromisse stand, die in der sündhaften realen Welt gemacht werden mussten. Diese Formel markierte die offizielle Haltung der christlichen Kirchen vom späten Römischen Reich bis in das 18. Jahrhundert.[21]

Aber kehren wir noch einmal zurück nach Griechenland und zu Aristoteles, der sich auch mit der Frage beschäftigte, wie man an Barbaren herankommt, um sie als Sklaven zu halten. Seine Antwort: vor allem durch den Krieg. Als ungerecht bezeichnet er allerdings Kriege, die zur Versklavung von Menschen führen, die keine Sklaven von Natur seien. Nur solche Kriege, die mit sich brachten, dass die «Sklaven von Natur» versklavt werden, seien gerecht. Kriege dienten in der Tat als eine Quelle für die Rekrutierung von Sklaven. Im homerischen Epos wird vor allem die Versklavung von Frauen erwähnt. So taucht die im Krieg erbeutete Frau auf, deren Schicksal darin bestand, für eine andere zu weben. Diese Figur kündete nicht zuletzt vom großen Bedarf an Spinnerinnen. Denn um einen Webstuhl in Gang zu halten, war die Arbeitsleistung von vier webkundigen Frauen nötig. Überdies wurden auch Hirten erbeutet. Oft bereits als Kinder versklavt, weideten sie, wie der treue Schweinehirt des Odysseus, für ihre Herren die Herden.[22] Insgesamt nennen antike Quellen eine Reihe von Wegen in die Sklaverei – neben der Kriegsgefangenschaft die Abstammung von einer Sklavin, Selbstverkauf und Verkauf, Aussetzung, Menschenraub, in der Frühzeit auch Schuldknechtschaft, die Strafe für ein Verbrechen, schließlich eine eheähnliche Verbindung mit einem fremden Sklaven.

Im klassischen Athen war die Mehrzahl der Sklaven von nichtgriechischer Herkunft. Demosthenes spricht von «den Barbaren, aus deren Gebieten die Sklaven zu den Griechen gebracht» würden, und in den «Memorabilien» des Xenophon erwähnt der Gesprächspartner des Sokrates eine Reihe von Handwerkern, die gekaufte «barbarische» Männer besäßen. Die Sklaven kamen aus den Regionen des Schwarzmeerraumes, dem Balkan und Kleinasien als Unfreie nach Athen, in kleinem Ausmaß auch aus Afrika. Im antiken Griechenland konnten Personen als direkte Folge von Kriegen, gezielten Menschenjagden und Piraterie, zum Teil aber auch aufgrund politischer Abhängigkeiten in die Versklavung geraten. Eine besondere Kategorie bildete die gesellschaftliche Gruppe der Heloten im antiken Sparta. Sie waren keine Bürger, aber bewirtschafteten die Ländereien der kriegerischen Vollbürger und wurden auch zu sonstigen staatlichen Diensten herangezogen. In der Frühzeit der römischen Republik dienten zunächst vor allem Unterworfene aus den Kriegen mit benachbarten Stadtstaaten – und damit Menschen mit ähnlichem religiösen und kulturellen Hintergrund – als Sklaven. Die Eroberung Griechenlands im 2. Jahrhundert v. Chr. verschaffte den Römern eine Reihe hochqualifizierter Gefangener, die fortan als Ärzte, als Lehrer wohlhabender römischer Bürger oder in der Administration großer Güter dienten. Im Verlauf der Kaiserzeit nahm die Zahl der Kriege ab, die Nachfrage nach Sklaven wurde zunehmend durch den Kauf aus Gebieten außerhalb des Reiches abgedeckt, etwa in Nordafrika, Germanien sowie den Ländern nördlich und östlich des Schwarzmeers, aus Thrakien, Skythien und dem Kaukasus. Ein weiteres wichtiges Reservoir bildeten die Kinder der Sklaven.

Es bleibt allerdings umstritten, wie bedeutend der Anteil der natürlichen Reproduktion für die Deckung des Bedarfs an Sklaven tatsächlich war. Römische Sklavenhalter scheinen keine systematische Nachwuchsförderung betrieben zu haben, weil angesichts der hohen Mortalitätsrate der Frauen im Kindbett sowie der Neugeborenen und Kleinkinder der Risikofaktor bei der natürlichen Reproduktion sehr hoch war. Dagegen steht die These, dass durch den Handel mit Menschen vor allem Frauen und Kinder, die reproduktiv eingesetzt werden konnten, nach Rom gekommen seien und Sklavinnen für viele Geburten eine Prämie erhalten hätten. Ebenfalls kontrovers ist die Frage nach der Geschlechterbalance zwischen Sklavinnen und Sklaven. Einiges spricht für einen höheren Anteil männlicher Sklaven, da es etwa dreimal so viele Berufe für Männer als für Frauen gab. Allerdings ist zu bedenken, dass männlich besetzte Tätigkeiten höheres gesellschaftliches Ansehen besaßen und daher eigene Berufsbezeichnungen erhielten, während eine Vielzahl von weiblichen Beschäftigungen unter die Kategorie Haussklavin subsumiert wurden. Eine bedeutende Rolle kam in Rom schließlich dem Selbstverkauf zu. Der Hintergrund dieser Praxis lag in der Armut vieler freier Bürger der Unterschicht, die ihren Lebensunterhalt in Sklavendiensten zu verdienen suchten.[23]

War Sklavenarbeit eine notwendige Bedingung für den Aufstieg und die Existenz der athenischen Demokratie? Es weist einiges darauf hin, dass diese Demokratie ohne massenhafte Sklaverei nicht funktionsfähig gewesen wäre. Angesichts ihrer reichhaltigen Verfahrensregeln und vielfältigen Partizipationsformen konnte die athenische Demokratie ohne ein beträchtliches wirtschaftliches Surplus nicht existieren. Dieses wurde durch die Ausbeutung von Sklavenarbeit produziert, da die männlichen Vollbürger, die eine Minderheit der Bevölkerung darstellten, ja für Volksversammlungen, Gerichtstagungen und Feste freizustellen waren.[24] Sklaven wurden vielfach für diverse Tätigkeiten im Haushalt eingesetzt. Die verbreitete Abneigung gegen Lohnarbeit, die selbst arme freie Athener zu stark an Knechtschaft gemahnte, sorgte dafür, dass sklavische Hausarbeit konkurrenzlos blieb. Überdies arbeiteten Sklaven als Kleinunternehmer getrennt vom Haushalt ihrer Herren, die ihnen Geld oder Sachmittel zur Bewirtschaftung überließen und denen sie einen Teil ihres Einkommens abzuliefern hatten. Sklaven mit spezifischen handwerklichen Fähigkeiten stellten Waffen, Töpferware, Kleidung, Musikinstrumente oder Schmuck her.

Die Errichtung von Tempeln, öffentlichen Gebäuden und Theatern beruhte, wie aus inschriftlich überlieferten Rechnungen bekannt ist, auch auf gemeinsamer Arbeit von Sklaven und Freien bei gleichem Lohn, der für die unfreien Arbeiter an deren Besitzer ausgezahlt wurde. Brutale Arbeitsbedingungen herrschten in den Silberminen in Südattika, wo Sklaven nicht selten ihr Leben ließen.

Im Römischen Reich war die Entwicklung einer auf Sklavenarbeit basierenden Ökonomie eng mit der Expansionspolitik des dritten und zweiten vorchristlichen Jahrhunderts verbunden, deren militärische Erfolge den Zugriff auf viele Sklaven ermöglichten. Zugleich führten diese Kriege zum Rückgang der Zahl freier Bauern, von denen viele in den Legionen dienen mussten, während Roms Eliten in den neu eroberten Gebieten in immer größere, nun mit der Arbeit von Sklaven betriebene Latifundien investierten. In Rom gab es mit Ausnahme des Militärs keinen Bereich, in dem Sklaven nicht neben Freien gearbeitet hätten, sei es in einfachen Handwerken, aber auch in spezialisierten Branchen etwa als Goldschmiede oder Juweliere. Einige Sklaven waren als Haussklaven in die Familie ihrer Besitzer integriert und erfuhren eine bessere Behandlung. Härteste Bedingungen mit teilweise angeketteten Sklaven fanden sich hingegen auf den immensen Latifundien Siziliens oder Nordafrikas, in staatlichen Bergwerken oder den großen Handwerksbetrieben, die allesamt vorwiegend ferne Märkte belieferten. So verkauften die Güter in Sizilien und Nordafrika Getreide für das mittelitalienische Kernland, die Töpfereien des Mittelmeerraumes stellten Amphoren für Gallien und Germanien her, in den iberischen Bergwerken – allein in den Minen Neu-Karthagos arbeiteten um 100 v. Chr. ungefähr 40 000 Sklaven – wurden Gold und Silber für Rom abgebaut.[25]

Die Zustände in der spätrömischen Republik führten immer wieder zu Sklavenrevolten, von denen der von Spartakus 73 v. Chr. angeführte Aufstand der bekannteste ist. Spartakus hat jedoch keineswegs für die Abschaffung der Sklaverei oder gar eine utopische, klassenlose Gesellschaft gekämpft. Sein vorrangiges Ziel war die Befreiung aus der brutalen Unterdrückung durch seine Herren in der Gladiatorenschule in der Nähe von Capua, aus der er mit einer kleinen Schar von Anhängern ausbrach. In kurzer Zeit wurde aus einer kleinen Rebellion ein größerer Krieg gegen Rom, an dem sich Zehntausende von Sklaven und armen Bauern beteiligten und der erst mit Hilfe starker Truppenverbände niedergeschlagen werden konnte. Ähnliche Aufstände hatten sich bereits in der letzten Hälfte des zweiten vorchristlichen Jahrhunderts auf Sizilien ereignet. Auch an diesen «sizilianischen Sklavenkriegen» war eine beträchtliche Anzahl von Sklaven beteiligt, gegen die die Römer massiv mit militärischen Mitteln vorgingen. Und auch hier gibt es kaum Hinweise auf eine organisierte Erhebung oder eine koordinierte Kriegsführung auf Seiten der Sklaven. In der Regel artikulierte sich Widerstand oder Resilienz der römischen Sklaven vornehmlich in anderer, stärker individueller und oft alltäglicher Form, die von Fluchtversuchen über Arbeitsverweigerung bis zum absichtlichen Trödeln reichte. Für Athen und den Rest der griechischen Welt sind kaum Sklavenrebellionen überliefert. Griechische Autoren assoziierten Aufstände vornehmlich mit Heloten, die sich gegen Sparta auflehnten, etwa während des Peloponnesischen Krieges.[26]

Eine Diskrepanz zwischen Griechenland und Rom bestand schließlich in der Politik und den Praktiken der Freilassung bzw. Manumission von Sklaven. In beiden Fällen war Freilassung möglich und wurde praktiziert. In Athen hielten ehemalige Sklaven jedoch selten Bindungen zu ihren ehemaligen Herren aufrecht, und die Schwäche dieser Verbindungen mag erklären, warum ehemalige Sklaven nicht in die Athener Gesellschaft integriert wurden. Mit wenigen Ausnahmen erhielten weder Ex-Sklaven noch ihre Nachkommen das Bürgerrecht ihrer Heimatstädte. Sie blieben Metöken, also dauerhaft in der Stadt lebende Fremde, denen es nicht gestattet war, Ehen mit Bürgern Athens zu schließen. In Rom ging die Manumission auf die Frühzeit der Republik zurück, als die Mehrheit der Sklaven noch aus unmittelbar benachbarten Regionen stammte. Freigelassene erhielten unabhängig von ihrer Herkunft automatisch das Bürgerrecht, erlangten jedoch erst in der dritten Generation Zugang zu Magistratsämtern und der Armee. Die Freilassung vollzog sich auf unterschiedlichen Wegen. Ein Herr konnte einen Sklaven bei einem Zensus als Bürger registrieren, durch testamentarische Verfügung freilassen, oder es erfolgte der Freikauf durch einen Dritten. Ehemalige Sklaven unterhielten häufig enge, gleichsam pseudofamiliäre Verbindungen zu ihren ehemaligen *patroni*. Und die Nachkommen reicher Ex-Sklaven vermochten gelegentlich – wenn die Erinnerung an die unfreie Herkunft verblasst war – als Equites oder sogar Senatoren in aristokratische Kreise aufzusteigen. Für den Durchschnitt der Freigelassenen bedeutsamer war die Möglichkeit, freigeborene Römer zu heiraten und sich auf diese Weise gesellschaftlich zu integrieren.[27]

Mit dem enormen Anwachsen der Sklaverei im Römischen Reich stieg offensichtlich auch die Möglichkeit, freigelassen zu werden, jedenfalls in den Häusern der reichen und hochgestellten Besitzer. Darauf deutet die Tatsache, dass der Kaiser Augustus die Höchstzahl der durch ein Testament verfügten Freilassungen auf hundert beschränkte. Das Christentum, unter Konstantin (272–337 n. Chr.) zur Staatsreligion erhoben, forcierte keineswegs die Abschaffung der Sklaverei. Die Kirche ermunterte nicht zur Freilassung, höchstens im Blick auf das Seelenheil der Freilassenden. Manches deutet eher auf ein Interesse am Fortbestand der Institution. Erst die schweren Krisen in der Spätzeit des Römischen Reiches trugen zum Rückgang der Sklaverei bei. So machten die politisch und militärisch instabilen Verhältnisse den Fernhandel ebenso wie die Sklavenhaltung unsicher. Inwieweit ökomische Veränderungen wie die Verbreitung von Produktionszentren in Teilen des Imperiums, die nicht auf Sklavenarbeit beruhten, oder der Rückgang von Marktproduktion zugunsten von Tauschhandel die Exportmärkte der mit der Arbeit von Sklaven bewirtschafteten Ländereien in Italien schwächten und so den Niedergang der Sklaverei vorantrieben, ist umstritten.[28] Von einem vorläufigen Ende der Sklaverei in der westlichen Welt, die auf breiter Ebene der Leibeigenschaft Platz gemacht hätte, kann ohnehin keine Rede sein. Nicht nur lassen sich längerfristige Kontinuitäten und neue Formen von Sklaverei im Mittelmeerraum und in Byzanz nachweisen. Auch in Teilen West-, Nord- und Osteuropas waren Sklaverei und der Handel mit Menschen im Mittelalter verbreitete Praxis.

Mittelalter

Ein Spezifikum, welches Sklaverei und Sklavenhandel im mittelalterlichen Jahrtausend charakterisierte, bestand in einer neuen, durch monotheistische Religionen ausgelösten Dynamik: Muslime, Christen und Juden machten sich daran, die Versklavung und den Handel mit den eigenen Glaubensbrüdern und -schwestern zunehmend zu beschränken oder ganz zu untersagen. Auf diese Weise transformierte sich das globale Netz der Sklavenhandelsrouten und Sklavenreservoirs auf einschneidende Weise und führte zur Entstehung von neuen «Versklavungszonen» und «versklavungsfreien Zonen». Erstere befanden sich vermehrt an den Peripherien oder außerhalb muslimischer und christlicher Großreiche. Innerhalb dieser Einheiten durften hingegen keine Versklavung der einheimischen Bevölkerung sowie kein Menschenhandel über die Herrschaftsgrenzen hinweg stattfinden.[29] Freilich entsprach die Praxis nicht immer der Theorie. So waren etwa die früh- und hochmittelalterlichen Reiche des östlichen Europas keine monotheistischen Blöcke, sondern multireligiöse Herrschaftsbildungen. Geistliche und weltliche Funktionsträger und Herrscher machten sich hier zwar seit dem 9. Jahrhundert daran, christliche Normen auch in Bezug auf Sklaverei und Sklavenhandel durchzusetzen, verboten daher das Konkubinat und untersagten Muslimen und Juden den Besitz christlicher Sklavinnen und Sklaven. Die Umsetzung ließ jedoch zum Teil auf sich warten.[30]

Sklaverei und Sklavenhandel wurden im nordwesteuropäischen Raum vom 9. bis 12. Jahrhundert stark von den Wikingern geprägt, die auf ihren Raubzügen entlang der Küsten und Flüsse des Frankenreiches neben Schmuck und Geld aus den überfallenen Kirchen und Klöstern vor allem Menschen erbeuteten, die sie auf Sklavenmärkten absetzten. Neben Sklaven aus den «heidnischen» Ländern Nord- und Osteuropas verkauften sie zahlreiche christliche Gefangene, die sie von westeuropäischen Beutezügen mitbrachten. In Regionen wie Norwegen wurden Sklaven für die Agrararbeit eingesetzt.[31] Im östlichen Europa stellte Sklaverei während des Früh- und Hochmittelalters ein verbreitetes Phänomen dar. Die Wege in die Sklaverei waren vielfältig: Verschuldung war ein häufiger Grund, ebenso die Bestrafung für Verstöße gegen das geltende Recht. Manche erbten den Status von ihren Eltern oder waren von ihren Angehörigen verkauft worden. Die Verschleppung in Raub- und Kriegszügen war ebenfalls gängig. Sklavinnen und Sklaven arbeiteten in der Landwirtschaft oder im Haushalt, Frauen und Kinder mussten überdies häufig ihren Herren sexuell zu Diensten sein. Das östliche Europa diente allerdings keineswegs als reine *slaving zone* des Islam. Längst nicht alle Menschen, «die im östlichen Europa geraubt, verkauft und verschleppt wurden, [endeten] in der islamisch beherrschten Welt. Viele blieben in der Region, und für nicht wenige scheint das Dasein als Sklavin oder Sklave nur eine vorübergehende Phase in ihrem Leben gewesen zu sein, die mit der Freilassung oder der Tilgung der Schulden endete.»[32]

Die auf Marc Bloch zurückgehende These vom Verschwinden der Sklaverei mit der Herausbildung der Feudalgesellschaft ist von der neueren Forschung besonders nachhaltig für den Mittelmeerraum revidiert worden. Hier gingen Sklaven einem breiten Spektrum an Tätigkeiten nach, wobei der zunächst weitverbreitete Einsatz in der Landwirtschaft sich im Hochmittelalter auf wenige Regionen wie Sizilien und Nordafrika beschränkte. Galeerensklaven fanden sich bereits an vielen Orten, wenngleich ihre Bedeutung in der Frühen Neuzeit noch einmal massiv zunahm. Im Byzantinischen Reich arbeiteten Sklaven überdies in imperialen Werkstätten, Goldschmieden und Seidenwebereien. Im Osmanischen Reich wurden sie für die verschiedensten Arbeiten herangezogen, etwa als Hilfsarbeiter, Dienstboten und Soldaten. Haussklavinnen waren in vielen Regionen zu finden und arbeiteten etwa als Ammen, Kindermädchen und Konkubinen. Sowohl in christlichen als auch in muslimischen Herrschaftsgebieten fungierten sie als wichtiges Statussymbol städtischer Eliten. Sklavinnen waren überdies durch Verschenkungs- und

Heiratspraktiken stark in familiale Strukturen eingebunden. Eine zum Islam konvertierte Sklavin konnte laut Koran durch die Heirat mit einem freien Mann (nicht mit dem eigenen Herrn) den freien Status erlangen. Auf der italienischen und spanischen Halbinsel waren Ehen zwischen Sklavinnen und einheimischen Freien ebenfalls nicht selten.[33]

Bevor der Sklavenhandel sich gegen Ende des 15. Jahrhunderts verstärkt in Richtung Atlantik orientierte, versorgten Kaufleute aus Genua, Venedig, Palermo und anderen italienischen Städten muslimische und christliche Märkte mit Sklaven, die in Regionen jenseits der latinischen Sphäre gefangen wurden. Der Niedergang des Römischen Reiches und Transformationen in der Regelung des Landbesitzes hatten zwar zum Rückgang von Sklaverei in Italien beigetragen, sie aber nicht zum Verschwinden gebracht. Venezianische Kaufleute verkauften bereits im 8. Jahrhundert Sklaven an Muslime. Der Handel mit Sklaven ebenso wie der Sklavenbesitz erweiterten sich zu Beginn des 13. Jahrhunderts beträchtlich, als italienische Kaufleute Zugang zu den Häfen des östlichen Mittelmeers erlangten. Die große Mehrheit der Frauen und Männer, die von den Italienern gekauft oder verkauft wurden, stammten aus Osteuropa und Zentralasien. In den italienischen Städten partizipierten zahlreiche Berufsgruppen am Geschäft mit Sklaven oder waren Sklavenbesitzer, obwohl die Preise für Sklaven vergleichsweise hoch waren. Dabei gab es eine deutliche Vorliebe für Sklavinnen, was sich zu einem Teil durch die Nachfrage nach sexuellen Dienstleistungen erklärt, aber ebenso darin begründet war, dass im spätmittelalterlichen Südwesteuropa Haussklaverei dominierte, Frauen sich für die vielfältigen Aufgaben im Haushalt ebenso gut eigneten wie Männer und in der Regel weniger häufig als diese flüchteten. Wahrscheinlich lebte in jedem einigermaßen vermögenden Haushalt der größeren Städte der italienischen Renaissance mindestens eine Sklavin. In Venedig und den Städten der Toskana etablierte sich überdies die Rekrutierung von *indentured labourers* vor allem von der dalmatinischen Küste, häufig Kinder, die über einen langjährigen Vertrag an ihre Besitzer gebunden wurden. In der zweiten Hälfte des 15. Jahrhunderts ging die Haussklaverei in Italien jedoch stark zurück, weil die italienischen Kaufleute ihren Zugang zu den östlichen Sklavenmärkten verloren, was die Sklavenpreise enorm erhöhte. Die Möglichkeit, billige Lohnarbeit zu nutzen, ersetzte das mit Sklavenbesitz einhergehende Prestige.[34]

Vor allem Genuesen und Venezianer waren überdies früh im Geschäft mit Zucker aktiv und setzten auf Zypern, Rhodos und Kreta auch eigene, meist von den Küsten der Levante und des Schwarzen Meers stammende Sklaven ein. Zuckerrohr, aus dem Zucker gewonnen wurde, war mit der Expansion des Islams im 7. und 8. Jahrhundert von Persien in den levantinischen Raum gelangt. In der Zeit der Kreuzzüge wurde Zucker dann auch von Europäern selbst produziert, etwa von Venezianern auf Zypern. Bald erreichte das Zuckerrohr zudem die iberischen Küsten, aber erst auf den klimatisch günstigen, vor Afrika gelegenen subtropischen Inseln Madeira und den Kanaren vermochten Europäer reichere Erträge zu erzielen. Investitionen in die Zuckerproduktion waren hoch und rentierten sich nur, wenn entsprechend große Anbauflächen zur Verfügung standen. Folglich führte die Herstellung von Zucker nahezu überall zu einer beträchtlichen sozialen Kluft zwischen Plantagen- und Mühlenbesitzern auf der einen und dem Rest der Bevölkerung auf der anderen Seite. Für die Feldarbeiten auf den Atlantikinseln wurden Siedler aus dem jeweiligen europäischen Mutterland, Sklaven aus dem nahen Afrika, auf den Kanaren auch lokale Bewohner eingesetzt. Letztere hatten lange massiven Widerstand gegen die Europäer geleistet und waren schließlich versklavt worden. Sowohl auf Madeira als auch auf den Kanaren existierten freie und unfreie Arbeitsformen nebeneinander, und bis 1500 arbeiteten etwa auf Madeira nicht mehr als 30 Sklaven pro Zuckerrohrmühle.

Parallel entwickelte sich São Tomé zunehmend als Reservoir für den Nachschub an afrikanischen Sklaven. Vom Festland auf die Insel verschleppt, setzte man sie zunächst auf eigens errichteten und ausschließlich auf Sklavenarbeit basierenden Zuckerrohrplantagen ein, bevor sie nach Madeira und die Kanaren weitertransportiert wurden. All die genannten Inseln vor Westafrika dienten gleichsam als Labor, in dem Europäer das logistische und agrartechnische Knowhow akkumulierten, das ihnen in den folgenden Jahrhunderten die Ausbeutung der Amerikas erleichtern sollte.[35] Denn wie bald darauf in den brasilianischen, karibischen und nordamerikanischen Plantagenkolonien wurde hier die Arbeitskraft für die mit großem Kapitaleinsatz eingerichtete, exportorientierte Agrarproduktion durch Versklavung von Einheimischen und zunehmend von Afrikanern sichergestellt, da europäische Arbeitskräfte nicht in genügendem Maße zur Verfügung standen oder zu teuer waren. Die Errichtung von Plantagenökonomien in der «Neuen Welt» – mit Zucker als einem der wichtigsten Anbauprodukte und Sklaven aus Afrika als Arbeitskräfte – sollte zu einer der umfassendsten Zwangsmigrationen in der Weltgeschichte führen. Dieser transatlantische Sklavenhandel war jedoch nicht der einzige Menschenhandelskomplex der Neuzeit, in dem Afrika ein wesentlicher Platz zukam.

III. Der Handel mit Menschen aus Afrika

Dieses Kapitel reflektiert nicht zuletzt die Reputation des afrikanischen Kontinents als zentrale Quelle für Sklaven in der Weltgeschichte, ein Bild, das zumindest für die Zeit ab dem 15. Jahrhundert eine gewisse Berechtigung beanspruchen kann. Ein einzigartiges Charakteristikum des mit Afrika verbundenen Sklavenhandels besteht sowohl in der enormen Menge an Versklavten als auch in der Vielfalt der geographischen Sklavenströme. Aus den Gebieten des subsaharischen Afrika, aus denen die meisten – keinesfalls alle – Gefangenen stammten, gelangten Sklaven in nahezu jede Region der Welt, die ihre Arbeitskraft oder Dienste auszubeuten suchte. Vier größere Sklavenhandelskomplexe lassen sich unterscheiden: der Transsaharahandel, der Indische Ozean, der Atlantik und das subsaharische Afrika selbst. Jeder dieser vier Komplexe war sehr viel segmentierter und vielfältiger, als die jeweiligen geographischen Bezeichnungen suggerieren: Der Handel durch die Sahara etwa umfasste Sklavenströme von Senegambien nach Marokko, vom Zentralsudan (Nigeria, Niger und Tschad) nach Libyen und Ägypten, eine Handelsroute entlang des Nils und noch andere Routen, die die Wüste diagonal durchquerten. Im Bereich des Indischen Ozeans wurden Sklaven aus Ägypten, Sudan und Äthiopien auf die Arabische Halbinsel verschleppt, von Sansibar nach Mauritius und La Réunion, von Kilwa in den Persischen Golf und von Mosambik in die Plantagenkolonien des Atlantiks. Der transatlantische Handel wiederum schloss Sklaven aus verschiedenen Regionen entlang der Westküste Afrikas ein, die an verschiedenen Orten in den Amerikas landeten, in ihrer Mehrheit in Brasilien und der Karibik. Einige westafrikanische Sklaven wurden jedoch auch an das Kap der Guten Hoffnung und die Inseln des westlichen Indischen Ozeans verschleppt, während

Gefangene von diesen Inseln und aus Südostafrika auf den Plantagen der Amerikas endeten. Und innerhalb des afrikanischen Kontinents südlich der Sahara bewegten sich die Sklavenströme in eine Vielzahl von Richtungen. Jene, die den Kontinent nicht verließen, und das war wahrscheinlich die Mehrheit, mussten vielfältige Dienste sowohl in den Küstenregionen als auch im Inland leisten (siehe Kap. VI).

Der Transsaharahandel

Weit über eintausend Jahre lang verbanden Transportrouten durch die Sahara die Welt des Mittelmeers mit dem übrigen afrikanischen Kontinent. Nicht nur Waren wie Gold und Sklaven wurden mit Kamelkarawanen in die Wüste und in die Städte der angrenzenden Regionen transportiert, sondern auch materielle Güter und die Kultur islamischer Händler. Der Beginn des Sklavenhandels durch die Sahara lässt sich etwa auf das 8. Jahrhundert datieren, kurz nachdem sich der Islam in Nordafrika auszubreiten begonnen hatte. Auf lange Zeit blieb zwar Gold die wichtigste der auf dem Landweg durch die Sahara beförderten Waren. Doch bereits seit Beginn der islamischen Präsenz in der Sahara gab es in Nordafrika ebenso wie in den weiter östlich gelegenen arabischen Gebieten eine hohe Nachfrage nach Sklaven, die in der islamischen Welt und sogar in einigen Gegenden des mediterranen Europa bis in das frühe 20. Jahrhundert hinein anhielt.[36]

Die Sklaven, die aus dem subsaharischen Afrika zwangsweise durch die Sahara transportiert wurden, dienten im Gegensatz zu ihren Leidensgenossen in den Amerikas und in der Karibik eher selten in der Landwirtschaft oder anderen kommerziellen Tätigkeiten. Die Mehrheit von ihnen war auch nicht, wiederum kontrastierend zu den Sklaven in den europäischen Kolonien im atlantischen Raum, männlich, sondern weiblich. Einige der Versklavten blieben im Innern der Sahara und arbeiteten etwa in Gärten, den Bewässerungsanlagen von Oasen, in Salzminen oder als lokale Karawanenbegleiter. Andere mussten in den Goldminen südlich von Ägypten schuften. Die große Mehrheit kam jedoch als Bedienstete zu wohlhabenden städtischen Familien in den arabischsprechenden Ländern des mediterranen Afrika (Marokko, Algerien, Tunesien, Libyen und Ägypten), wo sie im Haushalt eingesetzt und nicht selten zu Konkubinen des Hausherrn wurden. Einige, vor allem im 14. und 15. Jahrhundert, wurden nach Italien und in andere europäische Länder verkauft. Männliche Sklaven dienten zuweilen in den Streitkräften muslimischer Herrscher in Nordafrika, Ägypten und sogar im Irak. Insgesamt bestanden für Sklaven in islamischen Regionen größere Möglichkeiten der Integration in die jeweilige Mehrheitsgesellschaft als für jene Afrikaner, deren Zwangsmigration in den Amerikas endete. Ihre – häufige – Freilassung nach dem Tode ihres Herrn galt als Akt der Frömmigkeit. Vor allem solche Männer, die in militärischen Diensten gestanden hatten (darunter auch Eunuchen), vermochten gelegentlich sogar in einflussreiche Positionen aufzusteigen.[37] Nach islamischem Recht mussten Gebieter die Söhne, die sie aus Verbindungen mit Sklavinnen hatten, anerkennen und ihre Mütter in die Freiheit entlassen.

Die relative Durchlässigkeit dieses Sklavensystems ging jedoch einher mit einem ständigen Bedarf an Nachschub. Nicht nur mussten Freigelassene durch neue Sklaven ersetzt werden. Die ungewohnte Ernährung sowie die Krankheiten, denen die Schwarzafrikaner im Mittelmeerraum ausgesetzt waren, forderte überdies einen hohen Tribut an Menschenleben. Zudem kostete der Weg durch die Wüste, den die Versklavten zu Fuß zu absolvieren hatten, vielen von ihnen das Leben. Auch zahlreiche der grausamen Kastrationen endeten tödlich. Präzise Informationen über den quantitativen Umfang des Transsaharahandels mit Sklaven liegen indes nicht vor. Schätzungen besagen, dass zwischen 800 und 1900 etwa vier Millionen Menschen durch die Sahara getrieben wurden. Hinzu kam noch einmal die Zwangsmigration von rund zwei Millionen durch das Niltal von Äthiopien und den südlichen Sudan nach Ägypten. Schätzungsweise weitere vier Millionen Sklaven erreichten den Vorderen Orient und Indien über das Rote Meer und den Indischen Ozean (siehe weiter unten). Die meisten der Verschleppten gelangten in Gebiete mit einer bereits hohen Bevölkerungsdichte, was dazu führte, dass die afrikanische Diaspora innerhalb der islamischen Welt gesellschaftlich weniger markant und kulturell weniger einflussreich blieb als ihr transatlantisches Pendant.

Die Mehrheit der Sklaven, die in den Saharahandel gerieten, waren die Opfer von Sklavenjagden und mit Gewalt verbundener Gefangennahme. Bei den Jägern handelte es sich in der Regel jedoch nicht um arabische oder berberische Krieger, sondern um Vertreter einheimischer Eliten aus den Gebieten am südlichen Rand der Sahara, die ihre menschliche Beute an Karawanenhändler verkauften. Der entscheidende Aktivposten, den sich viele dieser Sklavenhändler zunutze machen konnten, war das Pferd. Es erlaubte ihnen, schnell gegen sesshafte Bevölkerungsgruppen vorzugehen. Die in Nordafrika gezüchteten «Berberhengste» genossen bald einen legendären Ruf und entwickelten sich zum wichtigsten Exportartikel im Austausch gegen Sklaven. Zwar gelangten auch andere militärische Güter wie Schwertklingen und Rüstungen durch die Wüste in den Sudan, aber in der Regel wurde der Preis, den Sklaven an den Grenzen der Sahara erzielten, in Relation zu Pferden taxiert. Obwohl Exportgüter wie Gold und später Gummiarabikum, Tierhäute, Elfenbein, Straußenfedern sowie gefertigte Kleidungsstücke, Lederwaren und Bücher insgesamt den monetären Wert von Sklaven übertroffen haben mögen, prägte der Sklavenhandel das politische Leben in der Sahelregion in besonderer Weise.

In der Geschichte des transsaharischen Karawanenhandels wurden Sklaven aus allen Regionen der Sahelzone exportiert, vor allem jedoch aus ihrem Zentrum, das Zugang zu ausgedehnten und vergleichsweise dicht besiedelten Regionen bot, in denen es leichter war, Sklaven einzufangen. Das islamische Recht definierte die Bewohner des subsaharischen Afrika als Heiden, die nicht unter dem Schutz des Islam standen, und die Region galt daher als legitime Quelle für die Rekrutierung von Sklaven. Den lokalen Herrschern der Großregion Sahel ebenso wie den privat operierenden Menschenjägern, die Sklaven zum Zwecke des Exports, aber auch für einheimische Zwangsarbeit einfingen, ging es allerdings vornehmlich darum, vom Sklavenhandel zu profitieren, obschon sie gelegentlich behaupteten, ihre Aktivitäten seien Teil des Dschihad und der Anstrengungen, den Islam auszuweiten oder zu verteidigen. Die Bedeutung des Islam für die Sklavenjagden an den Südrändern der Sahara ist jedoch nicht eindeutig. Der Nachschub an Sklaven stieg in Zeiten und an Orten, die mit religiösen Kriegen und dem Dschihad verbunden waren, häufig an. Zugleich sprach sich der wohl berühmteste Dschihadist Westafrikas, Usuman Dan Fadio (1754–1817) aus der Region des heutigen Nordnigeria, gegen die damaligen Versklavungspraktiken seiner Hausa-Vorgänger aus. Und die Herrscher des malischen Segu-Reiches des 18. und 19. Jahrhunderts, des bekanntesten Sklavenhandelsunternehmens in der gesamten Geschichte der Sahelzone, zeigten keine besondere Hinwendung zum Islam und wurden in der Mitte des 19. Jahrhunderts gar selbst Opfer des Dschihad. Es scheint daher plausibel anzunehmen, dass die mit den Sklavenjagden verbundene Gewalt ein Klima schuf, das den Dschihad in Westafrika beförderte, lange bevor er sich in anderen Teilen der islamischen Welt verbreitete, der Islam selbst für das Sklavereisystem in der Sahara aber keine dynamisierende Rolle spielte.

Es ist angemessener, Sklaverei in der Sahara zuvörderst in einem ökonomischen Kontext zu interpretieren. Eben weil die Sahara eine probate, wenngleich teure Verbindung zwischen den mediterranen und sahelischen Regionen Afrikas ermöglichte, förderte sie den Handel mit Exportgütern, welche die Kosten des Karawanentransports tragen konnten. Gold war in diesem Zusammenhang ein ausgesprochen geeignetes Gut, und da es im Mittelmeerraum eine größere Nachfrage erfuhr als Sklaven, hat es den Transsahara-Handel in besonderem Maße geprägt. Sklaven hingegen konnten von einer größeren Zahl von Handelspartnern im Sahel geliefert werden. Obschon sie in Nordafrika nicht so nachgefragt waren wie im Atlantik, ließen sich doch Preise erzielen, die die relativ niedrigen Kosten für die Ernährung der Sklaven während ihres Marsches durch die Sahara mehr als deckten. Als Nebenprodukt des Handels wurden Sklaven von Gesellschaften in der Wüste und im Sahel und Sudan für militärische und ökonomische Zwecke genutzt. Einige Sklaven unterstützten den Handel durch ihren Dienst in den Armeen sudanischer Sklavenjäger oder die Versorgung von Kaufleuten. Andere wiederum trugen zur Intensivierung der lokalen landwirtschaftlichen, Salz- und Handwerksproduktion bei und lieferten auf diese Weise Waren für Märkte innerhalb der Region und am Mittelmeer. Die relativ große Kontinuität und Stabilität des Sklavenhandels durch die Sahara hatte im Übrigen wenig mit kompetitiver Effizienz oder dem gleichsam natürlichen Schutz durch die unwirtliche ökologische Umgebung zu tun. Dieser Handel genoss jedoch den strukturellen Schutz eines relativ abgeschotteten nordafrikanischen Marktes, in den die Europäer nicht eintraten, weil er zu klein war und der Eintritt mit zu hohen Kosten verbunden gewesen wäre.

Sklaven auf der afrikanischen Seite des Mittelmeers stammten allerdings nicht allein aus dem subsaharischen Afrika, sondern ebenso aus Europa. Eine schwer zu quantifizierende Zahl von Europäern, schätzungsweise mehrere hunderttausend, wurde zwischen 1530 und 1780 von nordafrikanischen Piraten verschleppt und in den Regionen, die heute Marokko, Tunesien, Algerien und Libyen umfassen, als Sklaven gehalten. Besonders Seeleute und Fischer gehörten zu den Opfern. Im Prinzip lief aber jeder, der in dieser Zeit allein im Mittelmeerraum unterwegs war oder in den Küstengebieten Süd- und Westeuropas lebte, Gefahr, versklavt zu werden. Selbst Nordengland und Island waren vor den Korsaren aus dem Maghreb nicht sicher. Primäres Ziel war es, die Gefangenen wieder auszulösen. Rund ein Viertel des Haushaltsbudgets der nordafrikanischen Staaten bestand damals vermutlich aus Lösegeldern. Eines der berühmtesten Opfer war der spanische Schriftsteller Miguel de Cervantes, Autor von «Don Quijote», der fünf Jahre in Algier als Sklave festsaß. Umgekehrt wurden auch Hunderttausende Menschen aus Nordafrika von europäischen Freibeutern versklavt und auf Galeeren zum Rudern eingesetzt.

Die Mehrheit der europäischen Sklaven in Nordafrika diente den herrschenden Fürsten und musste harte körperliche Arbeit leisten. Viele dienten als Ruderer auf den Galeeren der Piraten, die auszogen, um neue Sklaven zu fangen. Andere schleppten

Steine, errichteten Gebäude, fällten Bäume oder halfen beim Bau neuer Galeeren. Die Unterbringung war in der Regel katastrophal, die Ernährung unzureichend. Sklaven, die privaten Herren dienten, hatten gelegentlich mehr Glück und genossen eine bessere Behandlung. Frauen landeten zuweilen im Harem. Die Mehrheit der versklavten Europäerinnen wurde jedoch freigekauft. Für einzelne hochqualifizierte Sklaven wie Navigatoren, Schiffskapitäne oder Zimmerleute konnte die Versklavung aber auch einen ökonomischen Aufstieg bedeuten. Und nicht wenigen englischen Matrosen aus ärmeren Verhältnissen erschien die Gesellschaftsordnung ihrer Verschlepper sogar aufgeklärter, freier als die eigene, denn bei den angeblichen Barbaren wurden die Männer etwa stärker nach ihren seefahrerischen Fähigkeiten als aufgrund ihres sozialen Ranges beurteilt. Manche von ihnen traten zum Islam über. Der Engländer John Ward wurde sogar ein berüchtigter muslimischer Pirat und überfiel regelmäßig Schiffe, die unter britischer Flagge segelten. Diese Betätigung verschaffte ihm ein üppiges Einkommen. Seinen Lebensabend verbrachte er in einem Alabasterpalast in Tunis.

In Norddeutschland entstanden «Sklavenkassen», in welche die Reeder einzahlten, um ihre Seeleute im Falle eines Piratenangriffs freizukaufen. Seit der Mitte des 17. Jahrhunderts bemühte sich vornehmlich die katholische Kirche um den Freikauf der Sklaven im Maghreb. Mitglieder verschiedener Orden sammelten Spenden, reisten nach Nordafrika und verhandelten mit den Sklavenbesitzern. Überall in Italien und Spanien standen in ländlichen Kirchen Sammelbüchsen mit der Aufschrift «Für die armen Sklaven», und Kirchenvertreter ermunterten wohlhabendere Gemeindemitglieder mit Nachdruck, einen Teil ihrer Hinterlassenschaft für den Freikauf von Sklaven zur Verfügung zu stellen. Diese Form der Spende galt unter Katholiken als besonders angemessene Barmherzigkeit, zumal christliche Sklaven gleichsam ideale Opfer darstellten. Denn deren «einziges Verbrechen», so ein italienischer Pater, bestand schließlich darin, «Jesus Christus als Heiland zu betrachten». Hinzuzufügen ist, dass die katholische Kirche hingegen in Bezug auf die Sklaverei in der atlantischen Welt, von der afrikanische «Heiden» betroffen waren, eine große Zurückhaltung an den Tag legte. Erst 1839, Jahrzehnte nach dem Beginn der Abolitionsbewegung und Jahre nach dem ersten Emanzipationsgesetz, sprach sich der Heilige Stuhl gegen Sklaverei aus.[38]

Sklavenhandel im Indischen Ozean

Die globale Ökonomie des Indischen Ozeans war ein vielschichtiges und dauerhaftes System des Fernhandels, das China mit Südost- und Südasien, dem Nahen Osten und Afrika verband. Es schuf eine Nachfrage für verschiedene Formen von Sklavenarbeit, die vor allem durch die militärische und politische Eroberung von benachbarten Gesellschaften befriedigt wurde. Das Einfangen und der Transport lokaler Sklaven war in der Regel preiswerter und weniger riskant als überregionale Sklavenjagden. Der Großteil des Sklavenhandels in der Welt des Indischen Ozeans verlief auf Landwegen, dies galt vor allem für Afrika, das hinduistische Indien und den konfuzianischen Fernen Osten. Sklaven machten phasenweise 20 bis 30% der Bevölkerung in den Gesellschaften des Indik aus, in Teilen Ostafrikas und den Hafenstädten Indonesiens bis zu 50%. Allein in Indien gab es Mitte des 19. Jahrhunderts vermutlich über acht Millionen einheimische Sklaven. Im Laufe der Zeit entwickelten sich komplexe Sklavenhandelsnetzwerke über weite geographische Strecken, die Menschen unterschiedlichster Herkunft, Kulturen und Hautfarben einschlossen. Schätzungen über den quantitativen Umfang des Handels müssen äußerst spekulativ bleiben. Es besteht aber weitgehende Einigkeit, dass die Zahl der in diesem System versklavten Menschen den Umfang des transatlantischen Sklavenhandels übertraf. Schwarze Afrikaner konstituierten hierbei nur eine Minderheit. Aufschlussreich ist zudem, dass sich die zahlreichen Handelsnetzwerke innerhalb der Region des Indischen Ozeans hauptsächlich unter einheimischer Kontrolle befanden. Im östlichen Sektor waren es vorrangig Chinesen der Küste, Bugis und «Malaien», im westlichen Sektor «Küstenaraber» und Inder, die den Handel finanzierten und kontrollierten.[39]

Für China finden sich seit der Han-Dynastie (206 v. Chr.–220 n. Chr.) vielfache Belege für die Existenz einer Gruppe von «*nubi*» oder «*nu-pi*», die man als Besitz definierte, die ge- und verkauft werden konnten und rechtlich von Freien (*liang*) unterschieden wurden. Im 9. Jahrhundert sollen buddhistische Einrichtungen bis zu 150 000 Sklaven beschäftigt haben, und prominente Beamte der Song-Dynastie (960–1279) besaßen Tausende von Sklaven. Die Gruppe der Sklaven umfasste politische Gefangene, Kriegsgefangene, Opfer von Entführungen sowie Personen, die sich oder ihre Familienmitglieder verkauften, um Schulden zu bezahlen. Literatur aus der Tang-Periode (618–906) verweist überdies auf *Kunlun* oder schwarzafrikanische Sklaven, die jedoch ein seltener «Luxusgegenstand» ohne ökonomische Relevanz waren. Insgesamt bildeten Sklaven jedoch nur einen äußerst geringen Anteil der Gesamtbevölkerung und spielten in der Produktion eine geringe Rolle. Die große Mehrzahl war im Haushalt beschäftigt. Chinesische Begriffe für «Sklave» konnten je nach Kontext auch «Schuldner», «Abhängiger» oder «Untertan» bedeuten.[40]

Der Handel mit Menschen in der Welt des Indischen Ozeans war eng verknüpft mit der ökonomischen Entwicklung in den verschiedenen Regionen, aber auch mit den regelmäßig wiederkehrenden Naturkatastrophen, Hungersnöten und Epidemien, die hohe Mortalitätsraten nach sich zogen, so etwa in der Mitte des 17. Jahrhunderts. Während anhaltender wirtschaftlicher Boomzeiten existierte eine hohe Nachfrage nach Sklavenarbeit sowohl für Landwirtschaft, Handwerk, Handel und Transport als auch im Bereich der Hausarbeit und sexuellen Dienstleistungen. Da die Perioden ökonomischer Prosperität direkt mit einem erhöhten landwirtschaftlichen Output und demographischem Wachstum korrelierten, wurde der Bedarf an Arbeitskraft im agrarischen Bereich vornehmlich über traditionelle Formen lokaler Sklavenarbeit befriedigt. Die Gruppe der importierten Sklaven setzte sich weitgehend aus Frauen und Kindern zusammen, die primär als Objekte eines zur Schau getragenen Konsum- und Lebenswandels fungierten. So dienten versklavte Frauen in wohlhabenderen Haushalten als Ammen, Zweitfrauen, in der Kindererziehung und für sexuelle Dienste.[41]

Der Sklavenhandel aus den afrikanischen Anrainerregionen des Indischen Ozeans setzte sich vornehmlich aus zwei Bestandteilen zusammen: Zum einen gab es den seit dem Mittelalter existierenden Handel mit Menschen in die vornehmlich muslimischen Länder des nördlichen Randes des Indischen Ozeans, zum anderen den Sklavenhandel in Richtung der Maskarenen-Inseln Mauritius und La Réunion. Seit dem 15. Jahrhundert hatten zwar Portugiesen und in der Folge Niederländer und Engländer begonnen, aus der Region des Indischen Ozeans Sklaven in ihre kolonialen Besitzungen zu transportieren. Der Handel wurde jedoch deutlich von Muslimen und Hindi aus dem arabischen und südasiatischen Raum dominiert. Mit der Errichtung einer größeren Plantagenökonomie und Militärbasis auf Mauritius und La Réunion durch die Franzosen änderte sich im westlichen Indischen Ozean seit den 1730er Jahren die Struktur des Sklavenhandels und des Handels allgemein beträchtlich. Ein neuer und großer Markt für Sklaven entstand, besonders in Mosambik und auf Madagaskar, die zusammen über zwei Drittel der Sklaven für die Maskarenen lieferten. Aus Madagaskar allein kamen rund 45 % der 160 000 Sklaven, die zwischen 1610 und 1810 nach Mauritius und La Réunion verschleppt wurden. Die madegassischen Sklaven erwiesen sich als vergleichsweise widerständig. Nicht wenige von ihnen begingen Selbstmord, nicht zuletzt weil sie fürchteten, von den Europäern gefressen zu werden. Sklavenrevolten während der Überfahrt waren ein regelmäßig wiederkehrendes Phänomen. Auf den Maskarenen angekommen, unternahmen die Sklaven regelmäßig Fluchtversuche. Kaum jemandem gelang es zwar, nach Madagaskar zurückzukehren, aber es kam wiederholt zur Gründung von Gemeinschaften geflüchteter Sklaven (Maroon) in den Bergen.

Der bereits etablierte Sklavenhandel in Richtung des nördlichen Indischen Ozeans hatte im Verlauf der Jahrhunderte die Grundlage für den Aufstieg kleiner Stadtstaaten entlang der Swahiliküste geschaffen. Die große Sklavennachfrage aus den

Maskarenen nach 1730 sorgte zusätzlich für einen Außenhandelsboom in Mosambik, das zudem ein wichtiger Exporteur von Elfenbein war. Die französischen Sklavenhändler in der Region richteten ihren Blick zunehmend auf die Ostküste Madagaskars, die nächste und billigste Quelle für Sklaven und überdies ein Gebiet, in welchem sich muslimische Zwischenhändler noch nicht festgesetzt hatten. Die verstärkte Nachfrage nach Sklaven und Versorgungsgütern zog auf Madagaskar massive politische und gesellschaftliche Veränderungen nach sich, geprägt durch den Kampf mehrerer Gruppierungen über die Vorherrschaft im Sklavenhandel. Der Aufstieg von Staaten wie den Sakalava- und den Merina-Königreichen führte wiederum zur Ausweitung der internen Sklaverei und des Sklavenhandels auf der Insel. Zwar gab es auf Madagaskar kaum größere Plantagen, aber die Nachfrage nach Arbeitskräften zur Nahrungsmittelproduktion und für Dienstleistungen für die herrschenden einheimischen Klassen wuchs ständig. Dieser Trend war besonders in den zentralen *Highlands* ausgeprägt, wo seit Mitte des 18. Jahrhunderts ein arbeitsintensiver Reisanbau etabliert wurde. Der Sklavenhandel legte schließlich die Grundlagen für den Aufstieg des mächtigen Merina-Reiches im 19. Jahrhundert.[42]

Vorwiegend aus Mosambik und Madagaskar, später auch aus Indonesien und Indien stammten die Sklaven, die ab Ende des 17. Jahrhunderts von europäischen Siedlern der südafrikanischen Kapkolonie importiert wurden. Sie gilt als eine der rigorosesten und repressivsten Sklavenhaltergesellschaften der Geschichte. Zugleich war sie das einzige Gebiet auf dem afrikanischen Kontinent, das Sklaven importierte, die einheimische Bevölkerung hingegen nicht formell versklavte. Der Import aus anderen Regionen machte Sklaven teuer, sie wurden daher als reine Arbeitskräfte eingesetzt, kaum hingegen als Abhängige oder politische Gefolgsleute behandelt. Nur wenige erlangten die Freiheit. Die holländischen Gesetze waren für Sklaven drakonisch, sexuelle Gewalt gegen Sklavinnen weit verbreitet. Dies provozierte individuellen Widerstand durch Gewalt, Verbrechen, Verweigerung, bis hin zum Selbstmord. Die wenigen Rebellionen von Sklaven blieben hingegen klein und erfolglos, da ihr Konzentrationsgrad sehr gering war und daher kaum die Möglichkeit bestand, sich effizient zu organisieren. Eine ausgeprägte Sklavenkultur fehlte, am ehesten wurde noch der Islam zum Kennzeichen und integrativen Element der Sklaven.[43]

Der Sklavenhandel im Indischen Ozean erreichte im 19. Jahrhundert seinen Höhepunkt, als geschätzt rund 1,5 Millionen Menschen allein aus Ostafrika exportiert wurden. Nach dem Ende der Napoleonischen Kriege war international der Bedarf an tropischen Produkten aus dem Indik enorm angestiegen. Er reichte von Gütern für die industrielle Produktion wie Kopra, tierische und pflanzliche Öle, Wachs und Gummi bis zu Erzeugnissen zur Befriedigung des wachsenden Konsumbedarfs im Westen. Die Nachfrage umfasste Tee, Kaffee und Zucker ebenso wie Elfenbein, exotische Federn und Tiertrophäen. All diese Waren mussten produziert oder gesammelt, zuweilen behandelt, transportiert, ver- und entladen sowie verteilt werden und erforderten eine Transportinfrastruktur, die im Zeitalter der Dampfschifffahrt etwa den Bau von Hafenanlagen nötig machte. Die durch die internationale Nachfrage stark gestiegenen kommerziellen Aktivitäten führten zu einem größeren Bedarf an Arbeitskräften, der mit Sklaven, aber auch mit *indentured labourers* vorwiegend aus Indien und China befriedigt wurde. Lokale Eliten und Unternehmer setzten überdies Sklaven verstärkt ein, um der wachsenden regionalen Nachfrage im Nahen Osten, Süd- und Ostasien etwa nach tropischen Tierprodukten zu begegnen. Einen dramatischen Anstieg verzeichnete schließlich das Verlangen nach Sklavinnen, vor allem für sexuelle Dienstleistungen für einheimische und europäische Fernhändler, Soldaten und Schiffsmannschaften.

Der Transatlantische Sklavenhandel

Ende Mai 1731 verließ der Dreimaster «Diligent» den Hafen von Vannes in der Bretagne und nahm Kurs Richtung Westafrika. Geladen hatte das Schiff unter anderem indisches Tuch, Kaurimuscheln von den Malediven, weißes Leinen aus Hamburg, Waffen, Munition und Tabakpfeifen aus Holland, Fässer mit Brandy aus dem Loire-Tal und natürlich Verpflegung für die Mannschaft. An Bord befanden sich zudem 150 Hand- und Fußschellen mitsamt Schlössern und Schlüsseln, hergestellt von der in Nantes ansässigen Firma Taquet. An der Westküste Afrikas wurden 256 Sklaven erworben, in die Schellen gezwängt, über den Atlantik nach Martinique verschifft und dort verkauft – bis auf neun, die die Fahrt nicht überlebt hatten. Im September 1732 kehrte die «Diligent» mit 251 Zuckerfässern und einigen Schuldscheinen schließlich nach Frankreich zurück.

Transatlantische Sklavenfahrten wie diese gab es viele, allein im 18. Jahrhundert weit über 17 000. Nur zu sehr wenigen existieren jenseits dürrer statistischer Daten genauere Informationen, etwa über das Alltagsleben auf dem Schiff, die Mannschaft und die gefangenen Afrikaner. Von der Fahrt der «Diligent» aber ist das hundert Seiten umfassende, mit Zeichnungen versehene Tagebuch des Ersten Offiziers, Robert Durand, erhalten geblieben. Am Beispiel der «Diligent» wird etwa deutlich, wie wichtig der in Europa zusammengestellte Warenkorb für den Erwerb von Sklaven in Afrika war. Händler mussten darauf achten, stets die richtigen Produkte für die wählerische afrikanische Elite, von der sie abhängig waren, an Bord zu nehmen. Ebenso bedeutsam war die Zusammenstellung der Mannschaft. Die Besitzer der «Diligent» entschieden sich für einen Kapitän mit großer Erfahrung im Sklavenhandel, der wiederum den Rest der Crew rekrutierte, von den Offizieren bis zum Akkordeonspieler.

Zugleich erwies sich der Kauf von Sklaven aus der Sicht der beteiligten Europäer oft als mühsames Geschäft. Fünfzehn weitere Sklavenschiffe befanden sich im Hafen von Jakin an der Küste des heutigen Benin, wo die «Diligent» vor Anker lag. Angesichts dieser Konkurrenz waren die Preise hoch und die Verhandlungen mit den einheimischen Verkäufern schwierig. Durand musste zudem versuchen, eine optimale Mischung von Männern, Frauen und Kindern zu erwerben. In seinem Tagebuch vermerkte er sorgsam jedes Detail der Transaktionen, freilich ohne einen Hinweis, wie er sich bei diesem Geschachere fühlte. Nirgendwo wird die grausame Banalität des Sklavenhandels so deutlich wie hier. Geschlecht, Alter und die vermeintliche ethnische Herkunft der Sklaven wurden notiert, die nackten Körper auf Defekte untersucht und dann mit einer Brandmarke versehen. Die «Diligent» nahm schließlich die Afrikaner an Bord und steuerte Richtung Martinique. Auf der Karibikinsel erwies sich der Verkauf der Sklaven wegen politischer und wirtschaftlicher Krisen dann jedoch ebenfalls als schwierig. Der Kapitän musste vom geplanten Preis um die Hälfte heruntergehen. Die Mehrheit der Sklaven ging an einen Händler namens Lamy, der Rest wahrscheinlich an lokale Kolonialbeamte und Pflanzer. Dann verliert sich die Spur. Auch die genaue Herkunft der Sklaven, die auf der «Diligent» landeten, ist nicht überliefert. Sie waren wahrscheinlich Kriegsgefangene oder auch Opfer gezielter Sklavenjagden (siehe Kap. VI).[44]

Die Fahrt dieses Sklavenschiffes dokumentiert nicht zuletzt, dass Sklavenhandel für die Zeitgenossen in der Regel ein Geschäft wie jedes andere war, mit keinerlei moralischen Vorbehalten belastet. Es galt zwar als außerordentlich risikoreich, dafür lockten im günstigsten Fall auch besonders einträgliche Gewinne. Kaufleute in Bristol und Liverpool konnten in der zweiten Hälfte des 18. Jahrhunderts eine Rendite von 10% erwarten, doppelt so hoch wie bei weniger riskanten Investition, etwa in Staatsanleihen. Der Handel mit Menschen war überdies ein kompliziertes Geschäft, welches organisatorische Erfahrung, viel Kapital, ein Netz von weitreichenden Geschäftsbeziehungen, seemännisches Können, eine gehörige Portion Rücksichtslosigkeit und nicht zuletzt diplomatisches Geschick verlangte.

Von allen Sklavenhandelskomplexen ist der Handel mit Menschen über den Atlantik mit Abstand am besten dokumentiert. Auf der Grundlage einer akribischen Suche nach und Auswertung von Einfuhr- und Schiffslisten, Geschäftsbüchern und Zolldokumenten besitzen wir inzwischen außerordentlich umfangreiche und detaillierte Daten über das Volumen des transatlantischen Sklavenhandels, die regionale Herkunft, Alter und Geschlecht der Sklaven sowie Mortalitätsraten während der Atlantik-Überquerung, die in einer beeindruckenden und ständig aktualisierten Datenbank verfügbar sind. Über die lange umstrittene Gesamtzahl der in die Amerikas zwangsverschleppten Afrikaner besteht heute ein weitgehender Konsens, der von etwas über 11 Millionen Menschen ausgeht, die in der Zeit zwischen dem 15. und 19. Jahrhundert mit Gewalt in die «Neue Welt» transportiert worden sind. Hinzu kommen geschätzte 1,5 Millionen Sklaven, die auf der Überfahrt ihr Leben ließen. Die mit der Versklavung einhergehende Gewalt – Kriege, Kleinkriege, Razzien, individuelle Entführungen – forderten überdies in Afrika selbst ungezählte weitere Opfer. Gerade die langfristigen Folgen dieses immensen demographischen Aderlasses für den Kontinent sind Gegenstand kontroverser Debatten (Kap. VI).[45]

Der transatlantische Sklavenhandel stellte ein Vernetzungsphänomen von neuartiger Größenordnung und Intensität dar. Es handelte sich um den stetigen und regelmäßigen Transport von Menschen als Massenware, der in engster Verbindung mit neuen Formen gesellschaftlicher und politischer Organisation entstand, etwa der atlantischen Sklavenplantage. Er schuf Wirkungsketten, die westafrikanische Dörfer mit brasilianischen Zuckerplantagen und diese wiederum mit Teesalons in Europa verband. Die wichtigste treibende Kraft war der westeuropäische Handelskapitalismus. Portugal, Spanien, die Niederlande, das kleine Dänemark, sogar Brandenburg, später vor allem aber Frankreich und Großbritannien bildeten die Gruppe der europäischen sklavenhandelnden Länder. Aber auch deutschen Finanziers und Kaufleuten kam für den Sklavenhandel und die Entwicklung der atlantischen Plantagenökonomie eine beträchtliche Bedeutung zu. Deutsche Textilien, Spirituosen, Glas-, Messing- und Metallwaren machten einen signifikanten Anteil der Tauschprodukte im Sklavenhandel aus. Und Dutzende von wohlhabenden Schweizer Familien und Handelsfirmen von der Mitte des 17. bis weit hinein in das 19. Jahrhundert verdankten einen stattlichen Anteil ihres Vermögens dem Geschäft mit dem Handel mit Menschen.[46]

Was lässt sich über den Umfang und die Entwicklung des transatlantischen Sklavenhandels sagen? Er setzte zunächst verhalten ein. In der ersten Hälfte des 16. Jahrhunderts wurden knapp 45 000 Afrikaner in die Amerikas transportiert, in den folgenden fünf Jahrzehnten waren es bereits über 154 000 Sklaven. Der Handel zog danach stetig an und erreichte seinen Höhepunkt in der zweiten Hälfte des 18. Jahrhunderts, als mehr als 3,44 Mio. Afrikaner in die «Neue Welt» zwangsverfrachtet wurden. Die Abolition des Sklavenhandels durch Großbritannien und die Vereinigten Staaten am Beginn des 19. Jahrhunderts und die Revolution in Haiti verlangsamten zwar das Wachstum des Handels, aber nicht zuletzt die Entwicklung eines florierenden Plantagensystems auf Kuba und die ungebrochene Fortdauer der Sklaverei in Brasilien führten zur Verschiffung von weiteren 3 Mio. Afrikanern in die Sklaverei zwischen 1801 und 1850. Portugiesen (und im 19. Jahrhundert Brasilianer) waren mit etwas weniger als 5,9 Mio. Afrikanern, nahezu 47 % aller über den Atlantik verschleppten Menschen, die größten Transporteure menschlicher Ware. Sie waren auch die Ersten, die in diesem Handel aktiv waren. Ihnen folgten die Briten, die etwa 3,26 Mio. Afrikaner in ihre Karibikkolonien und nach Britisch-Nordamerika verfrachteten. Der britische Sklavenhandel erreichte seinen Höhepunkt im 18. Jahrhundert, mit nahezu 965 000 verschifften Afrikanern zwischen 1701 und 1750 und über 1,58 Mio in der Periode von 1751 bis 1800. Ironischerweise erlebte ausgerechnet das Zeitalter der Aufklärung geradezu eine Explosion auch des französischen Sklavenhandels, mit besonders hohen Zahlen in den Jahren 1736 bis 1743 (circa 16 000 Sklaven jährlich) und 1763 bis 1777 (über 20 000 Sklaven jährlich). Spanien entwickelte sich im 19. Jahrhundert zu einem wichtigen europäischen Transporteur, und auch Dänemark und die Niederlande verschifften regelmäßig, wenn auch in geringerer Quantität Sklaven in ihre westindischen Besitzungen. Die Vereinigten Staaten waren lediglich im letzten Viertel des 18. und während des ersten Jahrzehnts des 19. Jahrhunderts im Sklavenhandel aktiv, transportierten in dieser Zeit aber über 300 000 Afrikaner.

Brasilien war mit weitem Abstand der wichtigste Importeur von afrikanischen Sklaven. 5,53 Mio. oder 52 % der Verschleppten, die die Überfahrt überlebten, gingen dort von Bord.

2,6 Mio. landeten in Südost-Brasilien, 1,73 Mio. in Bahia sowie über 960 000 in Pernambuco. Von den Karibikinseln rekrutierte Jamaika mit mehr als 1,2 Mio. Afrikanern die meisten Sklaven, gefolgt von Saint-Domingue (später Haiti) mit über 911 000, Kuba mit knapp 890 000 und Barbados mit 608 000. Die Sklavenimporte erreichten ihren Höhepunkt im 18. Jahrhundert, in dem über 2 Mio. Afrikaner in der britischen Karibik und über 800 000 in den französischen Karibikbesitzungen, vornehmlich in Saint-Domingue, anlandeten, dort besonders viele im Jahrzehnt vor der Französischen Revolution. Nordamerika war also keineswegs ein zentrales Ziel der Sklavenhändler. Insgesamt erreichten vor 1807 rund 472 000 Afrikaner das Gebiet, das ab 1776 die Vereinigten Staaten umfasste. Die Sklavenschiffe verließen Afrika von einer Vielzahl von Regionen, deren jeweilige Bedeutung für den Handel mit Menschen sich im Laufe der Zeit wandeln konnte. Insgesamt am wichtigsten war der Raum Westzentralafrika (vor allem das heutige Angola), von wo im Verlauf von vier Jahrhunderten knapp 5,7 Mio. Menschen zur Sklavenarbeit in den Amerikas geschickt wurden. Weitere zwei Millionen gingen in der Bucht von Benin an Bord eines Sklavenschiffes, jeweils eine Million in Biafra und an der Goldküste. Vor allem im 16. Jahrhundert spielte überdies Senegambien eine wichtige Rolle als Region für den Sklavenkauf, im späten 18. Jahrhundert galt dies für Sierra Leone.[47] Der transatlantische Sklavenhandel war in einem beträchtlichen Maß das Resultat der Stärke, nicht der Schwäche afrikanischer Herrscher und Gesellschaften. Denn die Entscheidungen darüber, wer am Handel teilnahm, wo die Sklaven auf die Schiffe geladen und wieder entladen wurden, wo der Handel begann und endete, womit gehandelt wurde, war das Resultat eines Austausches zwischen Afrikanern – sowohl ihren Eliten als auch, in Gestalt von Widerstand, den Versklavten – und Europäern.[48]

Die Zustände auf den Sklavenschiffen während der Atlantiküberfahrt (*Middle Passage*) waren oft unvorstellbar grausam. Das Sklavenschiff, oft kleiner und schneller als andere Frachtschiffe, war ein Gefängnis auf See, voller Waffen, um die afrikanischen Gefangenen in Schach zu halten. Ein weiteres Merkmal waren die großen Mannschaften: Kamen bei einem direkt nach Amerika segelnden Frachter auf jede Schiffstonne im Schnitt 0,09 Mann Besatzung, waren es für Afrika 0,17 Mann. Denn bereits während der Monate an der afrikanischen Küste benötigte man viele Männer zur Bewachung der zunächst an Land festgehaltenen Sklaven sowie für den Bootsverkehr mit dem Schiff und entlang der Küste. Während der Überfahrt mussten zahlreiche Matrosen zur Kontrolle abgestellt werden. Nicht ohne Grund, denn viele Afrikaner waren nicht gewillt, ihre Gefangenschaft an Bord passiv zu erdulden. Widerstand auf den Sklavenschiffen ist lange unterschätzt worden, aber inzwischen gibt es Hinweise, dass statistisch jede zehnte Sklavenfahrt über den Atlantik von Revolten begleitet war. Zumeist blieben sie ohne Erfolg und wurden mit massiver Gewalt niedergeschlagen, aber gelegentlich gelang es Sklaven, das Schiff zur Rückkehr an die afrikanische Küste zu zwingen. Zuweilen endete ein Aufstand mit der totalen Zerstörung des Schiffes auf hoher See. Am häufigsten ereignete sich eine Sklavenrevolte, wenn das Schiff in Afrika gerade Segel setzte, denn zu diesem Zeitpunkt realisierten viele Gefangene angesichts der mit gefesselten Menschen vollgepfropften Schiffsrümpfe endgültig, dass sie sich auf einer Fahrt ohne Wiederkehr befanden, und waren zudem häufig überzeugt, dass sie von ihren europäischen Unterdrückern verspeist werden würden.[49]

Die Matrosen hatten daher jede Unbotmäßigkeit im Keim zu ersticken und drakonisch zu bestrafen, während ihnen selbst der Kapitän und die Offiziere mit der Peitsche drohten. Die hohen Sterberaten der Mannschaften, Misshandlung durch die Vorgesetzten, die Gefahr der Revolten sorgten dafür, dass «nur notleidende oder unvorsichtige Männer auf einem Sklavenschiff anheuern würden».[50] Desertionen, Meutereien und große Streikaktionen der Seeleute gegen die Reeder der Branche waren durchaus keine Seltenheit. Allerdings kam es wohl nie zu einem gemeinsamen Widerstand von Sklaven und Matrosen. Im Gegenteil, die Seeleute lernten an Bord Techniken der Kontrolle und Gewalt, wie sie vom späten 17. Jahrhundert an auch genutzt wurden, um Sklaven auf großen Plantagen zu unterwerfen. Nicht wenige von ihnen heuerten nach Ankunft in den Amerikas als Aufseher auf Sklavenplantagen an, wo sie ihre Erfahrungen mit der physischen Kontrolle der Versklavten auf See effizient einsetzen konnten. Matrosen konstituierten ohne Zweifel eine kosmopolitische Gruppe mit mobilen Lebens- und Arbeitserfahrungen, welche den gesamten Atlantikraum umfassten. Und zugleich spielten sie eine Rolle bei der Konstruktion moderner Vorstellungen von «Rasse». Die Sklaven gingen als «Afrikaner» an Bord der Sklavenschiffe und wurden in der «Neuen Welt» zu «Negern». Seeleute rekrutierte man in Europa als Arbeiter, an der Küste Afrikas und an Bord der Sklavenschiffe wurden sie zu «Weißen». Das Privileg der «weißen Haut» prägte nachhaltig die Identität europäischer Matrosen aus den untersten Schichten ihrer Herkunftsländer, schützte sie vor direkter Versklavung und verschaffte ihnen auf den Schiffen oder in den Amerikas einen Status, den Menschen dunklerer Hautfarbe niemals haben konnten.[51]

Die Erfahrungen während der *Middle Passage* waren ebenfalls zentral für das, was die Historikerin Sowande Mustakeem «die Herstellung von Versklavten» nennt. Eine eindrückliche Beschreibung der Schrecken der Überfahrt verdanken wir Olaudah Equiano, dessen 1789 veröffentlichte Autobiographie unter dem etwas umständlichen Titel «The Interesting Narrative of the Life of Olaudah Equiano. Or Gustavus Vasso the African. Written by Himself» zu den wichtigsten Selbstzeugnissen aus der Feder eines (ehemaligen) afrikanischen Sklaven gehört, obgleich einige Historiker vermuten, der Text sei lediglich aus zweiter Hand geschrieben. «Als ich mich auf dem Schiff umsah», berichtete Equiano, «bemerkte ich einen großen Ofen oder Siedekessel aus Kupfer und eine Vielzahl schwarzer Menschen jeglicher Beschreibung zusammengekettet; eines jeden Miene drückte Niedergeschlagenheit und Sorge aus, da hatte ich keine Zweifel mehr über mein Schicksal.» Unter Deck war die Situation schier unerträglich. «Dort empfing mich eine derartige Begrüßung in meiner Nase, wie ich sie noch nie in meinem Leben erfahren hatte: die Abscheulichkeit des Gestanks und das Schreien machten mich so krank und niedergeschlagen, dass ich nicht essen konnte... Ich wünschte mir nun, dass mich der letzte Freund, der Tod, erlösen möge.»[52]

Equiano hatte im Gegensatz zu vielen seiner Leidensgenossen Glück. Sein erster Besitzer, Michael Pascal, ein Offizier der britischen königlichen Marine, gab dem ungefähr zehn Jahre alten Jungen den Namen Gustavus Vassa. Pascal nahm den Jungen als persönlichen Diener mit auf zahlreiche Seereisen um die ganze Welt. Auf diese Weise blieb Equiano nicht nur das Schicksal der Plantagenarbeit weitgehend erspart. Er wurde von Pascal sogar für einige Zeit zur Schule nach England geschickt, wo er Lesen und Schreiben lernte. Bereits zehn Jahre nach seiner Versklavung gelang es Equiano, seine Freiheit von seinem damaligen Herrn, einem Quäker und Kaufmann aus Philadelphia, zurückzukaufen. Er ließ sich in England nieder und verdiente seinen Lebensunterhalt unter anderem als Friseur und Schiffssteward. Equiano bekam schließlich engen Kontakt mit der aufstrebenden, zunächst vor allem von Quäkern dominierten Abolitionsbewegung, die im späten 18. Jahrhundert mit Hilfe einer großangelegten, an die Mitglieder des britischen Parlaments gerichteten Petitionskampagne nachdrücklich das Ende des Sklavenhandels einforderte (siehe Kap. V). Die Zeitläufte brachten Equiano auf drei Kontinente und in völlig unterschiedliche Lebenswelten. Sein Leben war in keiner Weise repräsentativ für das Schicksal der afrikanischen Sklaven, die zwischen dem 15. und dem 19. Jahrhundert über den Atlantik zwangsverschifft wurden. Denn nur ganz wenige blieben vom Los verschont, auf einer Plantage in den Amerikas zu schuften und zu sterben. Gleichwohl steht Equianos Biographie für die Tatsache, dass Afrikaner den Atlantik nicht nur als Sklaven überquerten, sondern auch in diversen Funktionen als Freie, und dass sie überdies bei der Schaffung der atlantischen Welt keineswegs nur eine passive Opferrolle einnahmen.[53]

IV. Plantagensklaverei im Atlantischen Raum

Die Sklavenplantage, die im frühen 17. Jahrhundert ihren Durchbruch und in den etwa 150 Jahren nach 1680 die Periode ihrer vollen Entfaltung erlebte, war eines der ehrgeizigsten sozialtechnischen Projekte der Frühen Neuzeit. An ihren wichtigsten Standorten, die auf den folgenden Seiten vorgestellt werden – Brasilien, den Karibikinseln, dem Südwesten Nordamerikas –, wurde die mit Sklavenarbeit betriebene Plantage zur dominierenden Produktionsform und gesellschaftlichen Institution. Sie produzierte Zucker und Tabak für die Märkte eines allmählich kaufkräftiger werdenden Europa und war ihrerseits auf die stetige Zufuhr von Sklaven angewiesen. Die Sklavenplantage war das Resultat «eines traditionslosen Kombinationsexperiments, bei dem Amerika den Produktionsfaktor Boden, Europa Startkapital und Organisationsmacht und Afrika die Arbeitskräfte bereitstellte».[54] Und sie steht dafür, dass der Kapitalismus, wie Karl Marx hervorhob, blutig und schmutzig zur Welt gekommen ist. Die Plantagenwirtschaft führte etwa vor, dass der Kapitalismus – und dies gilt nicht nur für die Phase seiner Durchsetzung, sondern bis heute – mit extrem unfreien Arbeitsformen vereinbar ist. Unter seinem Einfluss «nahm die Sklaverei nicht nur im Umfang ungemein zu, sondern in Verbindung mit der harten, zu diesem Wirschaftssystem typisch hinzugehörenden Arbeitsdisziplin konnte sie besondere Brutalität annehmen».[55]

In welcher Form haben afrikanische Traditionen und Lebensweisen sowohl im religiösen als auch im säkularen Bereich unter den Bedingungen der Sklavenplantage und harschen Sklavengesellschaften überlebt? Der Prozess der Versklavung, des Verkaufs, der schrecklichen Schiffspassage und der Ansiedlung auf einer Plantage stellte selbstredend einen enormen Bruch im

Leben eines Versklavten und seiner Familie dar. Er hat aber nicht zwangsläufig zu einer kulturellen Entwurzelung geführt. Afrikaner sind in der Regel in kulturell homogenen Gruppen auf ein Sklavenschiff getrieben worden. Und obwohl Sklavenhalter häufig nach «kulturell gemischten» Gruppen von Sklaven verlangten, geschah dies in der Praxis selten. So stammten zwei Drittel der bis Mitte des 18. Jahrhunderts nach Louisiana gebrachten Sklaven aus dem Gebiet Senegambias. Die zwischen 1725 und 1755 nach Saint-Domingue, dem heutigen Haiti, verschleppten Sklaven kamen hingegen größtenteils aus der Bucht von Benin. Diese zeitlich und regional allerdings sehr unterschiedliche ethnische «Clusterbildung» sowie das aus Afrika jeweils mitgebrachte spezifische kulturelle Gepäck – Musik, Sprache, Nahrung, Religion, Folklore – hatten weitreichende Folgen für die Herausbildung distinkter Kulturen, welche die verschiedenen Regionen Amerikas in unterschiedlicher Weise bis heute prägen.[56]

Freilich ist Vorsicht bei der Verwendung ethnischer Kategorien geboten. Diese existierten zur Abgrenzung von «Anderen» wahrscheinlich bereits im vorkolonialen Afrika. Aber sie waren nur eine von vielen Idiomen der Gruppenzugehörigkeit und nicht zwangsläufig an eine spezifische Kultur gebunden. Was bedeutete es also, wenn ein afrikanischer Sklave in Louisiana angab, Fulani, Kanga oder Mandingo zu sein? War damit lediglich die geographische Herkunft oder Zugehörigkeit zu einem Herrscher gemeint? Oder bezog sich die Angabe auf ein distinktes Set von kulturellen und religiösen Identitäten und eine spezifische Sprache? In jedem Fall befanden sich afrikanische Sklaven keineswegs in einem Zustand «kultureller Verwüstung», als sie in den Amerikas ankamen. Sie bildeten «Nationen», die häufig auf einer gemeinsamen Sprache gründeten und eine eigenständige Position in der gesellschaftlichen Ordnung einnahmen, welche die weißen Herren ihren Untertanen aufzuoktroyieren versuchten.[57] Die Bedeutung von «Afrika» änderte sich in der Folge vor allem in der afrikanischen Diaspora selbst. Die versklavten Menschen und ihre Nachfahren fingen an, von sich nicht nur als Besitz anderer, sondern als «Afrikaner» zu denken, als Menschen, die mit Blick auf die andere Seite des Atlantiks eine gemeinsame Herkunft besaßen.

Die relativ unproblematische Ausweitung der Sklaverei in den von Europa beherrschten Weltgegenden in den drei Jahrhunderten nach 1450 war eng verknüpft mit der kontinuierlichen Einschränkung ihrer Legitimität im frühneuzeitlichen Europa selbst. Mitte des 18. Jahrhunderts herrschte in der atlantischen Welt eine strenge Dichtomie zwischen einer kleineren Zone der – für größere Bevölkerungsgruppen freilich immer noch vielfältig eingeschränkten – Freiheit und diversen Zonen massiver Unfreiheit. Diese Dichotomie konnte ethnisch oder geographisch sein. Der Abkömmling eines europäischen Freien verlor seinen Status nicht, wenn er in von Europa kontrollierte Regionen der Welt reiste. Der Nachfahre eines afrikanischen Sklaven erhielt dagegen keineswegs automatisch den Status eines freien Mannes, wenn er europäischen Boden betrat.

Sklaven lebten auch im frühneuzeitlichen Europa, vor allem in Großbritannien. Einen Hinweis darauf geben in den englischen Sklavenhäfen wie Bristol, Liverpool und London geschaltete Zeitungsannoncen, in denen Sklaven zum Verkauf angeboten wurden oder nach entlaufenen Sklaven gefahndet wurde. In Pubs und Kaffeehäusern fanden nach vorheriger Ankündigung in den Gazetten regelmäßig Sklavenauktionen statt. Nicht selten erfolgten explizite Verweise auf die physischen Fähigkeiten und handwerklichen Kenntnisse der angebotenen Sklaven. Auch für den deutschsprachigen Raum lässt sich nachweisen, dass Kaufleute, Missionare, Diplomaten, Seemänner und Soldaten als Sklavinnen oder Sklaven gekaufte Menschen von ihren Reisen mitbrachten. Wollten sie diese Personen nicht selber behalten, war ein Weiterverkauf im Reich angesichts der Möglichkeit, einen dreifach höheren Preis als in den Kolonien zu erzielen, äußerst lukrativ, wobei in diesen Transaktionen der Terminus «Sklave» nicht unbedingt fiel.[58]

Zu den bemerkenswertesten Episoden in diesem Zusammenhang gehört die Geschichte von Anton Wilhelm Amo, geboren um 1700 an der damaligen Goldküste in Westafrika. Holländische Sklavenhändler brachten ihn als kleinen Jungen nach Europa und überreichten ihn dem Herzog von Braunschweig-Wolfenbüttel im Namen der West-Indischen Kompagnie als «Geschenk». Am Wolfenbütteler Hof wurde er zunächst zu einem Teil jener schwarzen Dienerschaft, wie sie seinerzeit an vielen europäischen Fürstenhöfen als exotisches Statussymbol und Ausdruck eigener Machtfülle gehalten wurde. Doch Amo erhielt eine ausgesprochen gute Ausbildung. Er stellte für seine Herren ein Versuchsobjekt dar, an dem die Bildungsfähigkeit ‹des› Afrikaners erprobt werden sollte. Dadurch bot sich Amo die Chance, dem Dunstkreis seiner unausgesprochenen Sklavenschaft zu entkommen. Er wusste sie zu nutzen. Amo studierte und dozierte in Halle, Wittenberg und Jena und legte wichtige, von zeitgenössischen Aufklärern durchaus beachtete philosophische und rechtswissenschaftliche Schriften vor, die freilich bald und für lange Zeit in Vergessenheit gerieten. Eine dauerhafte Universitätslaufbahn in Preußen blieb ihm verwehrt. Er kehrte nach Westafrika zurück und verbrachte seine letzten Lebensjahre in einem holländischen Fort.[59]

Brasilien

Der brasilianische Soziologe Gilberto Freyre adressierte 1933 in seinem berühmten Buch «Herrenhaus und Sklavenhütte» die Zukunft seines Heimatlandes, das angesichts des großen Anteils von «Mulattos» in der Bevölkerung im Gefüge der modernen Nationen scheinbar zur Mittelmäßigkeit verdammt war. Er setzte Kultur und kulturelle Vielfalt an die Stelle von Biologie und «Rassenmischung», um deren Aussichten zu bestimmen. Laut Freyre hatten Afrikaner einen positiven Beitrag zu einem reichen Amalgam an Kulturen geleistet. Ihre Versklavung und Sklaverei standen für ihn gleichsam als beklagenswertes Mittel zu einem guten Zweck. Seiner Deutung zufolge lebten Sklaven und Herren zwar in einem hierarchischen Verhältnis, waren jedoch aufgrund des Mangels an weißen Frauen darauf angewiesen, Sexualpartnerschaften auch außerhalb der eigenen Schicht einzugehen. Dies habe durch die Vermischung von Sklaven und Herren zu einer «mestizischen» Schicht geführt, welche die

Grundlage für ein Brasilien aller Brasilianer gelegt habe. Aus Freyres Darstellung erwuchs die Vorstellung von einer durch «Milde» und «Nachlässigkeit» der Sklavenbesitzer geprägten Sklaverei in Brasilien.[60]

Die Realität sah freilich anders aus.[61] Sklaven verfügten in Brasilien theoretisch zwar über das vor Gericht einklagbare Recht auf Besitz, auf Freikauf (falls sie den Kaufpreis erbringen konnten) sowie auf Familiengründung. Ihre konkreten Lebensbedingungen hingen aber sehr stark von der jeweiligen Lokalität, der Tätigkeit sowie von der individuellen Einstellung und den Verhältnissen der Besitzer ab. Auch hier bot etwa der Status eines in der Stadt lebenden Haussklaven andere Möglichkeiten als das abgeschlossene Leben auf einer stadtfernen Plantage. Als die Niederländer in der ersten Hälfte des 17. Jahrhunderts das Zentrum des brasilianischen Zuckergürtels besetzten, kämpfte ein erheblicher Teil der Sklavenbevölkerung in den Armeen, die das Territorium für Portugal zurückeroberten. Ihr Engagement wurde mit der Befreiung von der Sklaverei und dem Recht des Grunderwerbs belohnt. Allerdings führten die oft menschenunwürdigen Lebensverhältnisse in den Plantagenregionen auch zu kleineren Aufständen oder zu Fluchtbewegungen von Sklaven und der Gründung von Fluchtsiedlungen, sogenannten *quilombos*. Die größte und bekannteste dieser Siedlungen war Palmares im Nordosten des Landes. Sie entstand im ersten Jahrzehnt des 17. Jahrhunderts und wurde 1695 nach zahlreichen gescheiterten Versuchen erobert und zerstört. Zeitweise lebten dort bis zu 20 000 Menschen.

Die Entwicklung der Sklaverei in Brasilien war, wie bereits erwähnt, eng mit der Zuckerproduktion verknüpft. Die äußerst vorteilhaften Bedingungen, wie gute Böden und reiche Niederschläge, in den Küstenregionen von Bahia und Pernambuco machten den Anbau von Zuckerrohr rasch zu einem profitablen Geschäft. Seit den 1530er Jahren wurden neben versklavten einheimischen Indianern zunehmend afrikanische Sklaven eingesetzt, zunächst vor allem erfahrene Arbeitskräfte aus Portugal und Madeira. Zunehmend griffen die Zuckerproduzenten jedoch auf direkt aus Afrika verschleppte Sklaven zurück, die vor allem aus Angola kamen. Im 17. Jahrhundert war folgende Weisheit weit verbreitet: «Ohne Zucker kein Brasilien; ohne Sklaven kein Zucker; ohne Angola keine Sklaven.» Dieser Satz unterstreicht eine Grundkonstante brasilianischer Sklaverei: ihre Abhängigkeit von Afrika. Obgleich brasilianische Sklaven an einigen Orten und zu einigen Zeiten eine positive Reproduktionsrate aufwiesen, konnte Sklaverei nur durch den kontinuierlichen Nachschub aus Afrika aufrechterhalten und erweitert werden. Die Tatsache, dass vor allem Männer importiert wurden, verschärfte die niedrigen Fertilitätsraten brasilianischer Sklaven. Die genannten Faktoren trugen in Kombination mit brutalen Arbeitsbedingungen, hoher Sterblichkeit (vor allem bei Säuglingen) und der Tendenz, bei Manumissionen Frauen zu bevorzugen, zum unersättlichen Bedarf an menschlicher Ware von der anderen Seite des Atlantiks bei.

Um 1680 arbeiteten rund 150 000 Sklaven in den Zuckeranbaugebieten an der Küste, und um die Wende zum 18. Jahrhundert operierten mehr als 500 Zuckermühlen in der Kolonie. Zu diesem Zeitpunkt setzte mit der Entdeckung von Gold in Minas Gerais eine geographische Verlagerung der Sklavenökonomie in Richtung Süden und Westen ein. Die Goldminen waren durch die massive Nutzung von Sklavenarbeit charakterisiert, allein in der Region um Minas Gerais lebten um 1800 rund 300 000 Sklaven. Und der Goldrausch schuf weiteren großen Bedarf an Sklaven in nahezu allen Sektoren der Ökonomie. Im 18. Jahrhundert kam es folglich noch einmal zu einer beträchtlichen Erweiterung des atlantischen Sklavenhandels in Richtung Brasilien. Sklaven arbeiteten nun in diversen Bereichen. Auf den Zuckerplantagen dienten die meisten von ihnen als Feldarbeiter, als «Sklaven der Sichel und Hacke», aber sie wurden auch in den technischen Prozess der Zuckerproduktion als Heizer, Mechaniker oder gelegentlich Manager eingebunden. Zudem waren sie als Haussklaven der Zuckerbarone tätig. Für qualifiziertere Aufgaben zogen Pflanzer in der Regel jedoch in Brasilien geborene «Kreolen» bzw. «Mulatten» vor. Auch Tabak- und Rinderfarmen sowie ab dem 18. Jahrhundert Baumwollplantagen machten sich die Arbeit von Sklaven zunutze. Zuckerplantagen beschäftigten im Durchschnitt 80 bis 100 Sklaven, noch höher – bis zu 400 – war deren Zahl auf den Kaffeeplantagen in Rio de Janeiro und westlich von São Paulo im späten 19. Jahrhundert. Sklavenbesitz fand sich darüber hinaus bei allen Bevölkerungsschichten, und in bestimmten Phasen wirtschaftlicher Expansion erwarben selbst Bauern Sklaven, um ihre Produktion zu steigern. Einen Sklaven zu besitzen symbolisierte Status und war zugleich eine ökonomische Investition.

Sklaverei war nicht nur ein ländliches Phänomen. Zu Beginn des 19. Jahrhunderts lebten viele Sklaven in den Städten Brasiliens, wo sie einem weiten Spektrum an Tätigkeiten nachgingen und als Köche, Hausdiener, Straßenverkäufer, ungelernte Arbeiter, Handwerker und Stauer arbeiteten. Von den rund 200 000 Bewohnern Rio de Janeiros um 1850 waren etwa 40 % Sklaven. Ein besonderes Profil bildeten in vielen Städten die *Ganhadores*. Dabei handelte es sich um Sklaven, die von ihren Besitzern angehalten wurden, das Herrenhaus oder die Plantage zu verlassen, um Lohnarbeit nachzugehen. Einen Teil ihrer Einkünfte mussten sie an ihre Besitzer abgeben. Der Zugang zur Geldwirtschaft eröffnete Möglichkeiten für eigene Ersparnisse und förderte die Manumission durch Freikauf. Städtische Sklaven nahmen an vielen sozialen Aktivitäten wie religiösen Bruderschaften und öffentlichen Festivitäten teil.[62]

Überall im Land waren mit der Sklaverei neue Religionen entstanden, in denen Sklaven katholische und diverse afrikanische Elemente in vielfältigen Formen vermischten. Die größte dieser afroamerikanischen Religionen in Brasilien, Candomblé, bildete sich zunächst in Bahia, im Nordosten des Landes aus und entwickelte sich rasch zu einer sehr populären Religion der Besessenheitskulte, Heilrituale und Opfergaben, deren Varianten sich bis heute auch in Nigeria, Benin, Haiti, Kuba, Trinidad und den Vereinigten Staaten finden. Candomblé war jedoch keineswegs das Produkt der Erinnerung namenloser Sklaven an alte religiöse Praktiken in Afrika. Zu ihren führenden Persönlichkeiten und Priestern gehörten vor allem ab dem späteren 19. Jahrhundert weitgereiste Schriftsteller und Kaufleute, deren

Interesse an dieser Religion ebenso kommerzielle wie spirituelle Gründe hatte.[63]

Für viele Sklaven bot die Manumission den zentralen Weg aus der Sklaverei. Rechtliche Verordnungen und katholische Traditionen erleichterten die Freilassung von Sklaven, die für die Besitzer auch wirtschaftliche Vorteile bringen konnte. Allerdings wurden vor 1850 lediglich ein bis zwei Prozent der Versklavten pro Jahr auf diese Weise freigelassen, doch die Aussicht diente als Verlockung und Instrument der Kontrolle. Der Prozess bevorzugte in Brasilien geborene Sklaven und vor allem «Mulatten». Mitte des 19. Jahrhunderts erhöhte sich zwar der Druck der Antisklavereibewegung, aber Sklaverei blieb weiterhin eine robuste Institution. Versuche in den Dekaden davor, Sklaven sukzessive durch Arbeitsmigranten zu ersetzen, waren fehlgeschlagen, so dass die Pflanzer in der Region um São Paulo verstärkt vom internen Sklavenhandel abhingen, durch den Sklaven aus der niedergehenden Zuckerindustrie des Nordostens in die expandieren Kaffeeanbauzonen des Südens gelangten. Dort konzentrierten sich 1880, wenige Jahre vor der offiziellen Abschaffung der Sklaverei, nahezu zwei Drittel aller brasilianischen Sklaven.

Die Inseln der Karibik

Wie wahrscheinlich keine andere Weltregion ist die Karibik eine Schöpfung des Kolonialismus. Kein Gebiet in den Amerikas erfuhr eine stärkere Prägung durch Sklaverei. Auf den Großen Antillen (Kuba, Haiti, Dominikanische Republik, Jamaika, Puerto Rico) wurde die lokale Bevölkerung besonders brutal ausgebeutet, was ihre nahezu völlige Vernichtung schon wenige Dekaden nach der ersten Landung von Kolumbus zur Folge hatte. Zwischen den nordwesteuropäischen Mächten und Spanien entwickelte sich ein erbitterter Kampf um die Vorherrschaft in der Karibik. Am Ende übernahmen vor allem England, Frankreich und die Niederlande, aber auch Schweden und Dänemark die Herrschaft über einzelne Inseln. Auf vielen dieser als Kolonialbesitz genommenen Inseln entfaltete sich ab Mitte des 17. Jahrhunderts mit besonderer Dynamik der Plantagenkomplex. Von Brasilien hatten niederländische Unternehmer die Betriebsform Plantage auf die Antillen gebracht, wo sich die Plantagenrevolution besonders auf den englischen und französischen Karibikkolonien Barbados, Jamaika, Martinique, Guadeloupe und Saint-Domingue verbreitete. Spanien ging mit einiger Verspätung dazu über, das Modell der Plantagenökonomie besonders auf Kuba, wo als letzter Insel der Karibik 1886 die Sklaverei abgeschafft wurde, zu übernehmen. Kennzeichnend für die Betriebsform der Plantage und einer der wichtigsten Gründe für ihren Erfolg war die weitreichende Arbeitsteilung, mit deren Hilfe eine Arbeitsintensität wie in modernen Industriebetrieben erreicht wurde. Sidney Mintz hat daher die Zuckerplantagen als «factories in the field» bezeichnet, die bereits Formen kapitalistischen und industriellen Produzierens in Europa vorweggenommen hätten.[64]

Großbritannien und Frankreich ging es ursprünglich darum, ihre Karibikkolonien mit Siedlern aus der Heimat zu bestücken und darüber hinaus europäische Schuldknechte (*indentured labourers*) zunächst für den Anbau von Tabak, Baumwolle und Indigo einzusetzen. Diese Siedlungspolitik war anfänglich recht erfolgreich. Doch im Zuge der «Zuckerrevolution» entstand innerhalb kurzer Zeit ein einflussreiches Großgrundbesitzertum, das die Landpreise in die Höhe trieb, die ehemaligen Schuldknechte, die sich als Kleinsiedler etabliert hatten, verdrängte und schließlich die weißen Feldarbeiter durch afrikanische Sklaven ersetzte. Sklaven übernahmen bald auch qualifizierte Tätigkeiten wie das Zuckersieden und wurden für Zimmermanns-, Küfer- und Schmiedearbeiten ausgebildet. In der Folge kam es rasch zu einer massiven Ungleichheit der Bodenverteilung. In Barbados etwa verfügten wenige Großpflanzer über mehr als die Hälfte des landwirtschaftlichen Bodens und über mehr als die Hälfte aller unfreien Arbeitskräfte. Auf dieser Insel wuchs die Sklavenbevölkerung in kurzer Zeit massiv an. Die Zahl der Arbeiter pro Plantage stieg von durchschnittlich 15 um 1635 – nahezu ausschließlich weiße *servants* – auf mehr als 100 um 1650 – davon 90% schwarze Sklaven. Bereits um 1680 lösten

Barbados, damals eine der reichsten und am dichtesten besiedelten Agrarregionen der Welt, und andere kleine Karibikinseln Brasilien als weltgrößten Zuckerproduzenten ab. Bald folgten Jamaika und dann vor allem das französische Saint-Domingue, welches dank hervorragender Böden durch das 18. Jahrhundert hindurch etwa drei Viertel des Zuckerkonsums der westlichen Welt deckte.[65]

Unter der Sklavenbevölkerung in den Zuckerkolonien übertraf bis ins 19. Jahrhundert hinein die Zahl der Todesfälle jene der Geburten, weshalb ohne die stete Zufuhr neuer Sklaven aus Afrika die Zahl der Arbeitskräfte nicht gehalten, geschweige denn erhöht werden konnte. Paradoxerweise behinderte der Import versklavter Afrikaner, der die Sklavengesellschaften anwachsen ließ, zugleich das natürliche Bevölkerungswachstum. Denn zwei von drei in die Karibik verschleppte Sklaven waren männlich. Zudem hatten afrikanische Sklaven höhere Mortalitäts- und niedrigere Fertilitätsraten als lokal geborene «Kreolen». Beide Raten standen in einem Zusammenhang mit der Situation auf den Zuckergütern. Im Vergleich mit Nordamerika brachte in den Karibikkolonien ein beträchtlicher Teil der Sklavinnen gar keine Kinder zur Welt oder gebar in größeren Abständen. Auch war die Phase, in der sie überhaupt Kinder bekamen, in der Karibik kürzer als in anderen Kolonien. Die Gründe dafür sind in verschiedenen materiellen und kulturellen Faktoren zu finden, die Ernährung, hohe Arbeitslast, Abtreibungen, unbeständige sexuelle Beziehungen, sexuelle Ausbeutung und den Konsum von bleihaltigem Rum umfassen. Einen potentiell wichtigen Einfluss auf die Fruchtbarkeit übte die Möglichkeit für Sklavenpaare aus, einen gemeinsamen Haushalt zu bilden. Diese Option bestand am ehesten auf den großen Zuckerplantagen, doch genau dort führten die harschen Arbeitsbedingungen zu Fehlgeburten und geringen Überlebenschancen für Neugeborene.[66]

Die Weißen bildeten in der Karibik nach der Zuckerrevolution eine kleine Minderheit. Sie teilten den Status als Freie, ansonsten handelte es sich jedoch trotz einer gewissen sozialen Mobilität um streng hierarchisch geschichtete Gesellschaften.

Das soziale und politische Leben sowie die Ökonomie der Karibikkolonien bestimmten die reichen Pflanzer und Plantagenbesitzer. Im Gegensatz zu den europäischen Siedlern in Nord- und Südamerika betrachtete diese Gruppe den Aufenthalt in den Kolonien aber lediglich, wie schon ein Zeitgenosse, Lord Brougham, feststellte, als «Vorbereitung auf ein glanzvolles Leben im Mutterland».[67] Auf diese Weise entstand das Phänomen der «absentee landlords», die ihre kolonialen Besitzungen der Obhut von Verwaltern anvertrauten und es sich auf ihren Landsitzen etwa in Südengland gut gehen ließen. So wie die Produkte der Sklaven in der Metropole konsumiert wurden, ohne dass die Erzeuger dieser Güter sichtbar wurden, so blieben in dieser Konstellation die Sklaven selbst sogar ihren Eigentümern verborgen.

Je größer das zahlenmäßige Missverhältnis zwischen Weißen und Schwarzen wurde, desto schärfere Gesetze erließen die Kolonialherren, um die bleibende Unterordnung ihrer Sklaven zu sichern. Bald hatten die Herren absolute Verfügungsgewalt über ihre unfreien Arbeiter; die Gesetzgeber erschwerten nach Möglichkeit die Freilassung von Sklaven. Formal gab es etwa im französischen Kolonialreich durchaus rechtliche Regularien – insbesondere den *Code Noir* –, welche die Behandlung (und ein Set von Bestrafungen) für Sklaven festlegten, zugleich auch einige Verantwortlichkeiten der Besitzer definierten. Diese beinhalteten, für die Ernährung und Kleidung der Sklaven Sorge zu tragen und den Sonntag als Ruhetag zu respektieren. Herren, die mit einer Sklavin ein Kind zeugten, waren angehalten, sie zu heiraten und sie und ihre Kinder freizulassen. Die Mehrzahl der Vorgaben des *Code Noir* wurde von den Pflanzern in der französischen Karibik in der Regel jedoch eisern ignoriert. Gewalt oder die Drohung von Gewalt bestimmten das tägliche Leben in den Zuckerkolonien, die Peitsche begleitete als Machtsymbol und Disziplinierungsinstrument den Arbeitsalltag. Die Manager, die die Plantagen für die in Europa lebenden Besitzer leiteten, erhielten in der Regel eine Gewinnbeteiligung und wurden ermutigt, den Ertrag ohne Rücksicht auf Verluste zu maximieren. Die einseitige und unzureichende Ernährung sowie fehlende Möglichkeiten, für den Eigenbedarf Landwirtschaft zu betreiben, führten bei vielen Sklaven zu eingeschränkter Leistungsfähigkeit und erhöhter Anfälligkeit gegenüber Krankheiten. Nur zögerlich teilte man den Sklaven Land zum Lebensmittelanbau zu, auf den sie für ihre Nahrungsversorgung eigentlich angewiesen waren.

Angesichts dieser Bedingungen blieb Widerstand der Sklaven nicht aus, der sich in Arbeitsverweigerung, Selbstmorden, Flucht und Revolten manifestierte. Allein in Jamaika kam es im 18. Jahrhundert zu 19 größeren Sklavenaufständen. Zum Teil gelang es entlaufenen Sklaven, Fluchtsiedlungen im unwegsamen Hinterland zu etablieren. Und in manchen Regionen waren die ehemaligen Sklaven so gut organisiert, dass sie nach zahlreichen bewaffneten Auseinandersetzungen Verträge mit der Kolonialmacht auszuhandeln vermochten, die ihnen partiell innere Autonomie zusicherten, sie zugleich jedoch verpflichteten, beim Einfangen künftiger entflohener Sklaven zu kooperieren. Die Revolten mögen militärisch am Ende alle erfolglos gewesen sein, doch sie waren ein wichtiger Baustein auf dem Weg aus der Sklaverei. 1760/61 kam es in Jamaika zu einem Sklavenaufstand, der als «Tackys Revolte» in die Geschichte einging. Über den Zeitraum von fast einem Jahr standen, koordiniert von Tacky, vor seiner Versklavung ein Dorfoberhaupt in der westafrikanischen Goldküste, über 1000 Sklaven an verschiedenen Orten der Insel auf, erbeuteten Waffen, töteten zahlreiche Weiße und freie Schwarze und steckten Plantagen in Brand. Erst durch den konzertierten Einsatz von schlachterprobten Marinesoldaten, britischer Armee und lokalen Maroon-Einheiten gelang es den Kolonialherren, die Rebellen niederzuringen. Die versklavten Männer, Frauen und Kinder, die sich an der Revolte beteiligten, kämpften vor allem darum, ihre menschliche Würde aufrechtzuerhalten. Und Tacky selbst ging es wahrscheinlich weniger um aufklärerische Ideen über Freiheit als um Macht. Zu kämpfen hieß aber auch, Hoffnung zu wecken, Möglichkeitsräume zu schaffen, der Unterjochung entgegenzustehen. Und andere zu inspirieren. Weit in das nächste Jahrhundert hinein, wenn frisch versklavte Afrikaner in Jamaika ankamen, erzählten ihnen ihre Mitsklaven die Geschichte von Tackys Revolte.[68]

Nordamerika

Auch Nordamerika erlebte während der Kolonialzeit eine demographische Katastrophe. Die Zahl der *Native Americans* verringerte sich innerhalb von hundert Jahren nach dem ersten Kontakt mit den Europäern um schätzungsweise 90%. Zuvörderst waren die aus Europa eingeschleppten Krankheitserreger für diese Dezimierung verantwortlich. Kriege, Vertreibungen und Hungersnöte taten ihr Übriges. Einheimischen Widerstand schlugen die europäischen Siedler brutal nieder, viele Überlebende wurden als Sklaven auf die Karibikinseln verkauft. Als Rechtfertigung diente die vermeintliche Sündhaftigkeit der «Wilden».

Das gewalttätige, tendenziell genozidäre Vorgehen der Siedler gegen die einheimische Bevölkerung lastet noch heute schwer auf der Gegenwart in den Vereinigten Staaten. Dies gilt in noch stärkerem Maße für die Versklavung von Afrikanern, die besonders seit Ende des 17. Jahrhunderts Gesellschaft und Ökonomie der nordamerikanischen Kolonien prägte. Zu diesem Zeitpunkt etablierte sich das Prinzip der «chattel slavery», welches Afrikaner zu beweglichem Besitz und zur Ware reduzierte. Obwohl der Anteil der nach Nordamerika verschifften Sklaven lediglich rund 5% der Gesamtzahl von im Transatlantikhandel in die Amerikas verschleppten Menschen ausmachte, stellten die unfreiwilligen Immigranten aus Afrika einen gewichtigen Teil der Einwanderschaft. Zum Zeitpunkt der amerikanischen Revolution lebten bei einer Gesamteinwohnerzahl von 3 Millionen rund 500000 Sklaven in den dreizehn Kolonien, die sich dann zu den Vereinigten Staaten von Amerika zusammenschlossen.[69]

Im Gegensatz zu Brasilien und der Karibik spielte Zucker in Nordamerikas Sklavenökonomie keine nennenswerte Rolle. Hingegen war Mitte des 18. Jahrhunderts die Region um die Chesapeake-Bucht – Maryland, Virginia und North Carolina – der weltgrößte Tabakproduzent. Zu diesem Zeitpunkt arbeiteten hier rund 145000 Sklaven auf Tabakplantagen, die selten mehr als ein Dutzend von ihnen einsetzten. Weiter südlich, in Georgia und South Carolina, dominierte der Reisanbau, in dem etwa 40000 Sklaven schufteten. Inwieweit vor allem afrikanische Frauen für den Anbau von Reis wichtige «Wissenssysteme» über Saatgut und elaborierte Bewässerungstechniken in die Amerikas mitbrachten, ist umstritten. Zum einen sind wahrscheinlich nur wenige Sklaven, und darunter kaum Frauen, überhaupt aus den Reisanbaugebieten Westafrikas auf die Reisplantagen des nordamerikanischen Südens gelangt. Zum anderen haben die kolonialen Pflanzer ihre Bewässerungstechniken wohl zumeist nicht aus Afrika, sondern aus den Niederlanden und China übernommen. Unter den Faktoren, die den Reisanbau in South Carolina und anderen Regionen begründeten, war das allgemeine agrarische Wissen der afrikanischen Sklaven ein Aspekt neben anderen, etwa dem kolonialen Unternehmertum und Einfallsreichtum der Pflanzer oder der europäischen Nachfrage nach Reis. Grundsätzlich trugen afrikanische Sklaven jedoch ein umfangreiches Wissensset über Landwirtschaft und Handwerk über den Atlantik, wodurch sie zu einem wertvollen Besitz gerade für jene Sklavenhalter wurden, die entsprechende Produkte anpflanzten oder – was seltener geschah – die handwerklichen Fähigkeiten als Schmiede, Gerber, Weber oder Holzarbeiter nutzen wollten.[70]

Was die nordamerikanische Sklaverei von jeder anderen, von der Antike bis zur Neuzeit, abhebt, ist das hohe natürliche Wachstum der amerikanischen Sklavenbevölkerung. Sie war Ausweis einer insgesamt wohl besseren materiellen Lage der Sklaven, aber auch Folge günstiger epidemiologischer Bedingungen. In sozialer Hinsicht standen die Sklaven in den nordamerikanischen Kolonien jedoch in der Regel sogar noch schlechter als etwa ihre Leidensgenossen in der Karibik. Dies hing mit der Tatsache zusammen, dass sie in Siedlungskolonien lebten. Je größer die Siedlerschaft, desto leichter fiel die polizeiliche Kontrolle der Sklaven, desto geringer waren überdies die Aufstiegschancen und Fluchtmöglichkeiten für die Unfreien. Und je größer die Anzahl der europäischen Fachleute vor Ort, desto geringer war die Notwendigkeit für die Plantagenbesitzer, Sklaven für qualifizierte Arbeiten aus- oder weiterzubilden. Stattdessen legte man sie in der Regel auf landwirtschaftliche

Tätigkeiten fest. Die Tendenz zu Beziehungen zwischen Sklavenhaltern und Sklavinnen wurde etwas dadurch gebremst, dass das Verhältnis zwischen europäischen Männern und Frauen vergleichsweise ausgeglichen war. Auf diese Weise mag sich die sexuelle Ausbeutung von Sklavenfrauen verringert haben – ausreichend Fälle davon gab es allemal –, doch es verminderte sich in der Folge eben auch die Möglichkeit der intergenerationellen sozialen Eingliederung über den Weg des «Weißwerdens». Schließlich ging mit dem beträchtlichen Anteil unterer sozialer Klassen an der Siedlergesellschaft die Tendenz einher, den Gegensatz zwischen Freien und Unfreien als hierarchischen «Rassengegensatz» zu sehen. Diesen Gegensatz suchte man durch Gesetzeserlasse dauerhaft festzuschreiben.[71]

Die amerikanische Revolution fand ihren Höhepunkt 1776 in der weitgehend von Thomas Jefferson formulierten Unabhängigkeitserklärung. Zwölf Jahre später trat die Verfassung in Kraft, die 1791 durch einen Grundrechtskatalog erweitert wurde. Die Verfassung war das Werk von Sklavenhaltern mit schlechtem Gewissen; sie war so unbestimmt gehalten, dass sie weder die Ausweitung der Sklaverei in den Südstaaten nach der Jahrhundertwende noch rassistische Attacken gegen ehemalige Sklaven im Norden zu verhindern vermochte. Zwischen 1787 und 1807, dem Jahr, in dem Großbritannien den Sklavenhandel verbot, gelangte eine größere Zahl von Afrikanern nach Nordamerika als in irgendeinem anderen Zeitraum von zwanzig Jahren. In den Südstaaten der USA begann das, aus der Perspektive der Sklavenhalter gesehen, Goldene Zeitalter der Sklaverei überhaupt erst in der ersten Hälfte des 19. Jahrhunderts, als die europäische Frühindustrialisierung eine gigantische Nachfrage nach Baumwolle erzeugte. Der auf Sklavenarbeit basierende Aufstieg von «King Cotton» vollzog sich in einem atemberaubenden Tempo. Die massive Ausweitung der Baumwollproduktion verstärkte nicht nur die Sklaverei insgesamt, sondern führte auch zu einer gewaltigen Verschiebung von Sklavenarbeit vom Oberen zum Unteren Süden, insbesondere in das Mississippi-Delta. Der damit verknüpfte interne Sklavenhandel umfasste bis zu eine Million Sklaven, die auch deshalb für den Baumwollanbau mobilisiert werden konnten, weil der Tabakanbau in den nördlichen Südstaaten wie Virginia nach der amerikanischen Revolution an Profitabilität einbüßte. Dortige Sklavenhalter fühlten sich ermutigt, ihr menschliches Besitztum zu verkaufen. Die Sklavenmärkte in New Orleans und anderswo boomten.[72]

Noch wenige Jahre vor dem Bürgerkrieg wurden in den Südstaaten 85 % der Baumwolle auf Plantagen von über 40 Hektar angebaut, die sich im Besitz vergleichsweise weniger Personen befanden, denen wiederum über 90 % aller Sklaven gehörten. Der größte Pflanzer im Delta, Stephen Duncan, nannte 1036 Sklaven sein Eigen. Die Größe einer Farm hatte entscheidende Auswirkungen für die auf Sklaven basierende Produktion. Denn nur große Plantagenbetriebe konnten sich die für die Senkung von Transportkosten wichtigen Entkörnungs- und Pressmaschinen leisten und so den Anbau effizienter gestalten. Vor allem konnten sie mehr Sklaven kaufen, um dem verbreiteten Arbeitermangel zu entgehen. Der Baumwollanbau implizierte die beständige Jagd auf Arbeitskräfte und den Versuch, diese zu kontrollieren. Damit verbunden war massive körperliche und psychische Gewalt. Sklavenhalter im Süden sahen sich mit keinerlei rechtlichen Schranken hinsichtlich der Grausamkeiten konfrontiert, die sie ihren Sklaven antun konnten. Sie vermochten sie ganz nach Gutdünken zu verkaufen und kaufen, ohne Rücksicht etwa auf Familienarrangements unter den Sklaven. Die Halter hatten zudem das Recht, Sklaven zu bestrafen, entweder durch Verkauf oder, wesentlich häufiger, mit der Peitsche. Auch Folter war eine der Grundlagen der Produktionssteigerungen.[73]

Ob die oft beschworenen «paternalistischen» Strukturen auf der Plantage und die aristokratischen Werte der Sklavenbesitzer bedeutende Charakteristika des Sklavereisystems in den Südstaaten bildeten, bleibt hingegen fraglich. Denn wann immer Sklavenhalter zwischen ihren paternalistischen Verpflichtungen und der Notwendigkeit, Profite zu machen, zu entscheiden hatten, wählten sie in der Regel die zweite Option – indem sie zielgerichtet die Arbeitskraft von Sklaven ausbeuteten, Kapital durch Hypotheken auf Sklaven absicherten und Sklavenfamilien durch Verkauf zerstörten. Sklaven, Ex-Sklaven und weiße Abolitionisten organisierten diverse klandestine Aktivitäten, die man unter dem Namen *Underground Railroad* zusammenfasst. Zentrales Ziel bestand darin, die Flucht von Sklaven aus den Südstaaten in südlicher (z. B. Mexiko) und nördlicher Richtung zu organisieren. Einige Aktivisten wie die furchtlose Harriet Tubman gingen persönlich in den Süden, um Sklaven herauszulotsen.

Indes verschärften sich die Konflikte zwischen den Nord- und Südstaaten erheblich. Besorgt um die Sicherheit ihrer territorialen und menschlichen Besitztümer, trennten sich die Sklavenhalter des Südens von der Union. Der daraufhin ausbrechende Bürgerkrieg war auch ein Krieg um die euphemistisch als «besondere Institution» (*peculiar institution*) bezeichnete Sklaverei. Zahlreichen Sklaven gelang es nach dem Einmarsch der Truppen aus dem Norden in den Südstaaten 1863, die Plantagen zu verlassen. Viele von ihnen schlossen sich der Armee des Nordens an, wo sie in segregierten Einheiten in einigen der Hauptschlachten gegen die Konföderation kämpften. Eine ihrer Beschwerden richtete sich gegen die Tatsache, dass ihr Sold weit unter dem weißer Soldaten lag. Die hohe Zahl der *runaways* ließ die Plantagen zusammenbrechen. In diesem Sinne haben sich die Sklaven – mit Unterstützung der Nordarmeen – selbst befreit. Entschädigung für ihre Unterjochung in der Sklaverei bekamen sie jedoch nicht, «40 acres and a mule» zu erhalten, blieb ein leeres Versprechen. Zwar sorgte die Politik der «Reconstruction» in den Südstaaten nach dem Bürgerkrieg für einige Verbesserungen, doch ökonomisch bot sie für die ehemaligen Sklaven kaum Optionen. Ebenso wenig verwirklicht wurden jene staatsbürgerliche Gleichstellung und damit verbunden die politische und gesellschaftliche Teilhabe der African Americans, die der 14. Zusatzartikel zur Verfassung 1868 verheißen hatte. Die «Reconstruction», «die mit so viel Hoffnung und Versprechungen begonnen hatte, endete in Verzweiflung». Die Kreditschulden, die viele Ex-Sklaven als Landpächter angehäuft hatten, banden sie ebenso an das Land wie vorher in der Sklaverei. Eine diskriminierende Gesetzgebung (Jim-Crow-Gesetze) schuf große Hürden beim Zugang zum Wahlrecht und verschärfte die Segregation in der Praxis. Der Süden konnte wieder nach Belieben agieren und eine ultrareaktionäre Rassenpolitik entfalten, welche die Schwarzen etwa in Gestalt von weißen Geheimbünden wie dem Ku-Klux-Klan einer Politik des Terrors unterwarf.[74]

Im Verlauf des 19. Jahrhunderts erreichten viele Schwarze, die vor Rassismus und Unfreiheit in Nordamerika flüchteten, auf unterschiedlichsten Wegen diverse Regionen in Westafrika, etwa Südwestnigeria, und prägten diese nachhaltig. Den Lebensweg eines dieser Migranten, James Churchwill Vaughan (1828–1893), hat die Historikerin Lisa A. Lindsay nachgezeichnet. Ein Jahrzehnt vor dem amerikanischen Bürgerkrieg erfüllte Vaughan den Wunsch seines sterbenden Vaters, eines ehemaligen Sklaven, der seinen Sohn bedrängte, die Vereinigten Staaten zu verlassen, um in Afrika ein neues Leben zu beginnen. Während der folgenden 40 Jahre wurde Vaughan gefangen genommen, kämpfte in einer Reihe von afrikanischen Kriegen, baute sich mehrfach eine berufliche Existenz auf, führte eine Revolte gegen weißen Rassismus an und wurde schließlich ein erfolgreicher Kaufmann und Begründer einer wohlhabenden, gebildeten und politisch aktiven Familie in der pulsierenden, kosmopolitischen Hafenstadt Lagos. Mit seiner transatlantischen Perspektive vermochte Vaughan die spezifischen Formen der Unterdrückung schwarzer Menschen im amerikanischen Süden und in verschiedenen Regionen Westafrikas wie kaum ein anderer in dieser Zeit zu vergleichen. Er zählte zu jenen entschlossenen, versierten oder schlicht glücklichen der Sklaverei und weißen Suprematie Entronnenen, die im Afrika des 19. Jahrhunderts trotz der Gefahr der (Wieder-)Versklavung, der Grenzen der Freiheit und der Einschränkungen staatsbürgerlicher Zugehörigkeit Schutz fanden und eigene Akzente setzen konnten. Vaughan, aber auch seine in South Carolina verbliebene Familie waren überzeugt, dass die Aussichten in Westafrika besser seien als in den Vereinigten Staaten.

V. Abolition und Emanzipation

Sklaverei im Zeitalter der Revolution: Saint-Domingue

In der Periode zwischen 1770 und 1830 erlitten die europäischen Imperien in den Amerikas erhebliche Rückschläge. Aus diesen Dekaden ging die Sklaverei im atlantischen Raum geschwächt und zugleich gestärkt hervor. In Nordamerika markierte dieser Zeitraum einen profunden Wandel des afroamerikanischen Lebens, der sich allerdings auf sehr unterschiedliche Weise manifestierte: Während Sklaverei in den Regionen nördlich von Virginia erheblich an Rückhalt verlor, erlebte sie, wie wir gesehen haben, in den Plantagenzonen des Südens eine enorme Dynamisierung. 60 Jahre nach der Unabhängigkeit waren in den Vereinigten Staaten mehr schwarze Menschen versklavt als je zuvor. Die Karibik erlebte in dieser Zeit die Zerschlagung einer enorm profitablen Sklaverei in Saint-Domingue, dem heutigen Haiti, und die Schwächung dieser Institution in den britischen Besitzungen. Aber insbesondere durch den Niedergang der Sklaverei in Haiti erfuhr jene in Kuba einen immensen Aufschwung. Im spanischen Lateinamerika schwächten die Unabhängigkeitskriege die Sklaverei, aber der Prozess der Abolition verlief vielerorts extrem langsam. In Brasilien stellte die Ausrufung eines unabhängigen Kaiserreiches im Herbst 1822 gleichsam einen Kompromiss zwischen den Interessenlagen der angestammten Plantagenbesitzeraristokratie und den portugiesischen Neueinwanderern dar, die meist im Überseehandel tätig waren und eine enge Bindung an das «Mutterland» wünschten. Für die Sklaven änderte die Unabhängigkeit indes zunächst einmal nichts. Erst 1888 wurden durch einen einzigen Satz, nämlich Artikel 1 des «Goldenen Gesetzes», mehr als 1,5 Millionen Sklaven formal befreit.[75]

Jedoch war Sklaverei während der Amerikanischen Revolution ein wichtiges Thema, und Debatten über die Sklaverei waren von Beginn an in der Französischen Revolution präsent. Die machtvollste Attacke gegen die Sklaverei im Zeitalter der Revolution kam jedoch von den Sklaven in Saint-Domingue.[76] Die Karibikinsel erzeugte um 1789 mit ihren 8000 Plantagen (auf denen neben Zucker auch Tabak, Indigo und Kaffee produziert wurden) und einer halben Million Sklaven nicht weniger als zwei Drittel des französischen Außenhandels. Damit war Saint-Domingue die vielleicht einträglichste Kolonie der Geschichte. Hier begannen im Norden der Insel Tausende von Sklaven, die auf den dortigen Zuckerplantagen arbeiteten, im August 1791, ihre Besitzer zu ermorden. Sie brannten die Herrenhäuser nieder, setzten die Zuckerfelder in Flammen und zerstörten die Maschinen, die Zuckerrohr in Zucker verwandelten. Ihr Versuch, die Hafenstadt Le Cap einzunehmen und die Teilnehmer der dort tagenden Kolonialversammlung zu töten, scheiterte zwar. Ihr zentrales Anliegen erreichten sie mittelfristig jedoch. Die versklavten Aufständischen verwandelten sich in eine Revolutionsarmee, die zerstörte Plantagen in Rebellenlager umfunktionierte und sich in die Berge zurückzog, als die Franzosen größere Einheiten zu ihrer Niederschlagung entsandten. Zwei Drittel der Sklaven von Saint-Domingue waren gebürtige Afrikaner, und die Revolte ging aus Netzwerken hervor, die sowohl durch afrikanische religiöse Gemeinschaften als auch durch die Kenntnis der revolutionären Ereignisse in Paris geprägt waren. In kurzer Zeit zerfiel der Aufstand in zahlreiche zeitgleiche Kämpfe: zwischen Royalisten und Patrioten, zwischen Weißen und freien «Farbigen» (*gens de couleur*), zwischen Sklaven und Sklavenbesitzern. Untergruppen jeder Kategorie verbündeten sich manchmal mit anderen und wechselten dabei häufig die Seiten.

Angesichts der Entwicklungen fürchteten die Führer der französischen Republik, ihre einträgliche Kolonie an die royalistische Konterrevolution oder an die rivalisierenden Imperien Englands oder Spaniens zu verlieren. Der revolutionäre Staat sah die *gens de couleur* nun als notwendige Bündnispartner an, also jene grundbesitzenden und in der Regel sklavenhaltenden Bewohner der Insel, die Kinder französischer Väter und (ehemals) versklavter Mütter waren. Dieser Gruppe gehörten ein Drittel der Plantagen der Kolonie sowie ein Viertel der Sklaven. Sie verfügten zum Teil über Geld, Bildung und Beziehungen nach Paris. Im März 1792 erklärte sich die Regierung in Paris einverstanden, alle freien Weißen und «Mulatten» zu französischen Staatsbürgern mit gleichen politischen Rechten zu erklären. Doch weder der Konflikt noch die Bedrohung durch England und Spanien ließen nach, so dass sich die französischen Verwalter auf der Insel an die aufständischen Sklaven wandten und ihnen Freiheit und Bürgerrechte versprachen, wenn sie für Frankreich kämpfen würden. Viele folgten dem Aufruf, und binnen weniger Monate sahen sich die Franzosen gezwungen, die Sklaverei in der Kolonie unverzüglich abzuschaffen – ein zutiefst unerwartetes und beispielloses Ereignis. Die profitabelste Sklavenkolonie der atlantischen Welt war nun von Hunderttausenden freien Männern und Frauen afrikanischer Herkunft bewohnt, ohne Übergangsperiode und ohne Entschädigung für die Besitzer, von denen sich viele auf und davon machten, einige in Richtung Indischer Ozean, um dort auf den Inseln vor der afrikanischen Küste Plantagen zu betreiben. Der Nationalkonvent in Paris ratifizierte im Februar 1794 die Entscheidung.

Die Schlüsselfigur der revolutionären Phase war Touissant L'Ouverture. Er wurde als Sklave geboren, sein Vater war aus Westafrika auf die Insel verschleppt worden. L'Ouverture erlangte ein Jahrzehnt vor der Revolution die Freiheit, besaß kurzzeitig sogar selbst einen Sklaven und arbeitete als Manager einer gemieteten Kaffeeplantage. Mit großem Geschick navigierte er zwischen den verschiedenen Welten der Kolonie, hielt Verbindungen mit Pflanzern, anderen bereits vor der Emanzipation frei gewordenen Männern afrikanischer Herkunft und den unterschiedlichen Fraktionen der Sklaven. Er war ein selbstbewusster Diplomat und verhandelte unabhängig von der französischen Regierung mit Engländern und Amerikanern und erhielt von Letzteren Handels- und sogar militärische Unterstützung. L'Ouverture kämpfte engagiert dafür, die Emanzipation aufrechtzuerhalten, wollte aber zugleich sicherstellen, dass die ehemaligen Sklaven weiter auf den Plantagen arbeiten und die Insel den Export ihrer wertvollen Plantagenprodukte fortsetzen konnte. So blieb er in einem schwierigen Paradox gefangen. Um die neue Freiheit zu schützen und zu verfestigen, begrenzte er sie und versuchte die Ökonomie der alten Ordnung am Leben zu erhalten. Daran entzündete sich die Kritik ehemaliger Sklaven, die Kontrolle über ihr Arbeitsleben anstrebten und überdies darauf beharrten, dass der Staat sie, etwa bei behördlichen Registrierungen von Namen, Eheschließungen und Todesfällen, genauso behandelte wie weiße Bürger.

1801 erließ L'Ouverture eine Verfassung, die Saint-Domingue weitgehende Autonomie von Frankreich sicherte und ihm selbst eine enorme Machtfülle gab. Vor allem aber gehörte diese Verfassung zu den progressivsten, die es zum damaligen Zeitpunkt gab, da allen Bewohnern unabhängig von ihrer «Rasse» die gleichen Freiheitsrechte eingeräumt wurden. Doch als Napoleon in Frankreich an die Macht kam, machte er sich daran, das Imperium zu restaurieren, die vorrevolutionäre Sonderstellung der Kolonien wiederherzustellen und vor allem auch die Sklaverei wieder einzuführen. Eine französische Armee von über 10 000 Mann besetzte 1802 die Insel, Touissant wurde verhaftet und nach Frankreich deportiert, wo er ein Jahr darauf im Gefängnis starb. Doch andere schwarze Generäle, die nicht in eine Ära der Sklaverei und rassistischen Unterdrückung zurückkehren wollten, setzten seinen Kampf fort und besiegten schließlich die vom Gelbfieber arg dezimierten französischen Truppen. 1804 riefen die Sieger die Republik Haiti aus und verabschiedeten sich aus dem französischen Imperium. Frankreichs andere Zuckerkolonien, Guadeloupe und Martinique, wo Aufstände zurückgeschlagen worden waren, mussten hingegen 44 weitere Jahre Sklaverei erdulden.[77]

Jean-Jacques Dessalines, der erste Kaiser Haitis, und seine Nachfolger sahen sich mit gewaltigen Aufgaben konfrontiert. Das Land war von mehr als einem Jahrhundert Sklaverei und einer Dekade brutalen Kriegs, der rund 100 000 Tote gefordert hatte, schwer gezeichnet. Die Wirtschaft lag in Trümmern. Ein schweres Erbe der komplizierten Befreiungskriege bestand in der fortdauernden Militarisierung der Gesellschaft. Die Mehrheit der ehemaligen Sklaven fand es inakzeptabel, zum Plantagensystem zurückzukehren. Politisch wurde die junge Republik von den meisten Staaten geächtet. Frankreich weigerte sich bis 1825, das Land anzuerkennen, als die haitianische Regierung sich schließlich bereit erklärte, eine umfassende und langfristig höchst belastende Entschädigung zu zahlen, um die ehemaligen Plantagenbesitzer für ihren verlorenen Besitz abzufinden. Die Vereinigten Staaten verweigerten Haiti bis 1862 politische Anerkennung. Obgleich Haitis Kaffeeökonomie im Verlauf des 19. Jahrhunderts wuchs und prosperierte, und trotz längerer Phasen relativer politischer Stabilität, erwies sich die Mischung aus tiefen internen sozialen Konflikten und externer Verachtung als toxische Kombination, welche die Anstrengungen vieler haitianischer Politiker, Frieden und Wohlstand zu schaffen, beständig unterminierte.

In den Augen vieler Sklavenbefürworter wurde Haiti zu einem Synonym für das, was es zu verhindern galt, und provozierte unter Sklavenbesitzern Horrorvisionen über mögliche Sklavenaufstände in ihrem jeweiligen Land. Sie taten daher alles, damit Haiti Paria blieb und nicht Vorreiter. Sie verwiesen beispielsweise auf die Gewalt der Haitianischen Revolution und die politischen und wirtschaftlichen Probleme des unabhängigen Haiti, um daraus den Schluss zu ziehen, dass schwarze Menschen in Versklavung besser aufgehoben seien als in Freiheit. Die Probleme Haitis dienten überdies Rassenkundlern wie de Gobineau als Beleg dafür, was passiert, wenn europäische Regierungsformen «Völkern niederer Rassen» übergestülpt würden. Die Sitten und Gebräuche der Menschen in Haiti, behauptete er, seien so «verdorben, brutal und wild wie in Dahomey oder unter den Fellatahs». Und der britische Generalkonsul in Haiti, Spencer St. John, schrieb 1888: «Ich kenne den Schwarzen, und ich zögere keinen Moment zu verkünden, dass er zur Kunst des Regierens unfähig ist. Ihn mit der Ausgestaltung und Implementierung von Gesetzen für unsere Inseln zu betrauen hieße, sie zum unausweichlichen Ruin zu führen.»[78] Die Haitianische Revolution wurde zu einem «undenkbaren Ereignis» (Michel-Rolph Trouillot), weil sie eben nicht mit dem rassistischen Weltbild der fehlenden Handlungsmacht schwarzer Menschen vereinbar war und hier politische Forderungen nach Freiheit und Gleichheit konsequent umgesetzt wurden. Zugleich entwickelte sich Haiti umgehend zum Symbol für schwarze Würde und Widerstand und inspirierte viele Sklaven von Virginia bis Brasilien. Es inspirierte auch in Berlin den Philosophen Georg Wilhelm Friedrich Hegel, dessen Konzeption der dialektischen Beziehung zwischen Herr und Knecht, wie er sie in seiner «Phänomenologie des Geistes» entwarf, offenbar wesentliche Impulse von seiner Interpretation der Haitianischen Revolution erfuhr.[79]

Die Abolitionsbewegung und der «verborgene Atlantik»

Nur wenige Jahre nach der Ausrufung der Unabhängigkeit Haitis war auch die britische Abolitionsbewegung an ihr Ziel gekommen, ohne sich allerdings in irgendeiner Form auf die Entwicklung auf der Karibikinsel zu beziehen. «The bloody writing is for ever torn», frohlockte der romantische Dichter William Wordsworth in einem 1807 verfassten Gedicht, das er einem der Vorkämpfer der britischen Bewegung zur Abschaffung der Sklaverei, Thomas Clarkson, widmete. Gerade hatte eine Gesetzesvorlage, die den Sklavenhandel mit britischen und anderen Kolonien für unrechtmäßig erklärte, große Mehrheiten in beiden Häusern des Londoner Parlaments gefunden. Im selben Jahr verbot Washington die nordamerikanische Beteiligung am Sklavenhandel. In einem relativ kurzen Zeitraum wurde die über Jahrhunderte unangefochtene Institution der Sklaverei nachhaltig in Frage gestellt, so dass David Brion Davis nicht zu Unrecht festhielt, es habe sich hierbei um eines der «außergewöhnlichsten Ereignisse in der Geschichte» gehandelt.[80]

Die Abolitionisten des späten 18. Jahrhunderts mobilisierten bereits bestehende westeuropäische normative und rechtliche Traditionen, um schließlich das gesamte transatlantische System der Sklaverei in seinen Grundfesten zu erschüttern. Vor dieser Zeit finden sich dabei neben vereinzelten Kritiken am System der Sklaverei selbst insbesondere Beschwerden darüber, dass die Nachfrage der Europäer nach unfreier Arbeit zu unsäglichen Formen der Versklavung in Afrika geführt habe. Bereits 1570, zu einem Zeitpunkt, als iberische Kaufleute und Entdecker die Plantagensklaverei vom Mittelmeerraum in die «Neue Welt» transplantierten, hatte der französische Rechtsphilosoph Jean Bodin Sklaverei selbstbewusst als eine Bedingung charakterisiert, die in seinem eigenen Land lange abgeschafft worden sei. Er antizipierte ein zentrales Argument der Abolitionisten des 18. Jahrhunderts – das Verschwinden der Sklaverei sei Ausdruck der Überlegenheit der Zeitgenossen gegenüber den Vorfahren. Am Vorabend des französischen Einstiegs in das atlantische Sklavereisystem erachtete Bodin Sklaverei als unnatürlich und unprofitabel. Ein Jahrhundert darauf bezeichnete John Locke in seinen viel gelesenen «Two Treatises of Government» (1689) den Sklavenhandel als eines Gentlemans unwürdig. Das hinderte ihn freilich nicht daran, Geld in die mit dem Sklavenhandel eng verbundene *Royal African Society* zu investieren. Ob Locke nun Befürworter oder dezenter Kritiker der Sklaverei war, ist in der Forschung umstritten. In jedem Fall kann seine Lehre von der Gesellschaft als einer aus selbstverantwortlichen Individuen zusammengesetzten Gesamtheit den Anspruch erheben, den Weg für die Ansicht vorbereitet zu haben, Sklaverei verletze ein natürliches Recht der Menschen.

Ein neues Kapitel in der Auseinandersetzung um Sklaverei schlug 1748 Montesquieu auf, der in «De l'esprit des lois», einem Klassiker der Aufklärungsliteratur, eine scharfe Kritik an der Sklaverei formulierte und ihre üblichen Rechtfertigungen wie etwa die vermeintlich bessere Möglichkeit der Bekehrung zum christlichen Glauben nachdrücklich verwarf. Der Sklavenhandel sei eine unverantwortliche Verschwendung von menschlichem Leben, die für den Sklaven nutzlos und für den Herrn schlecht sei, da sie die guten Sitten korrumpiere. Wichtiger noch: Die Sklaverei verstoße gegen das Naturrecht, demzufolge alle Menschen frei und unabhängig geboren seien. Die von Montesquieu formulierten Überlegungen mündeten in eine breitere Debatte um Sinn und Unsinn von Sklavenhandel und

Sklaverei, ohne dass sich abolitionistische Stimmen lautstark bemerkbar gemacht hätten. Das pragmatische Pro zum Sklavenhandel aus wirtschaftlichen Erwägungen überwog, Kritik an der Sklaverei erging sich weitgehend in einer allgemeinen Klage über die Korruption der Menschheit. Die Autoren der «Encyclopédie» führten indes Montesquieus Argumentation fort und legten dar, dass Freiheitsrechte unteilbar seien. Überdies könnten sie unter keinen Umständen verwirkt werden, weder durch Krieg noch durch Verkauf, wie die Sklavenhalter meinten.[81]

Das Verhältnis der Denker der Aufklärung zu Sklaverei und dem damit verbundenen Rassismus wird kontrovers bewertet. Zunächst einmal muss festgehalten werden, dass das Konzept der Rasse im Bewusstsein der Aufklärer einen wichtigen Schritt in die Rationalisierung der menschlichen Natur repräsentierte. Sie verbanden damit das Versprechen einer rational-wissenschaftlichen Ordnung von Zugehörigkeit in einer Welt, die zunehmend unübersichtlich erschien.[82] Allerdings sind von einigen der führenden Figuren der europäischen Aufklärung zutiefst rassistische Aussagen überliefert. So behauptete David Hume, einer der in Großbritannien bis heute wohl angesehensten Philosophen, im Jahre 1748, die Schwarzen seien den Weißen von Natur aus unterlegen, da sie niemals eine zivilisierte Nation oder einzelne Individuen hervorgebracht hätten, die auf irgendeinem geistigen Gebiet Herausragendes geleistet hätten. Einen so «gleichförmigen und anhaltenden Unterschied» zwischen Weißen und Schwarzen könne es nicht geben, hätte nicht die Natur selbst diesen Unterschied zwischen beiden «Rassen» bewirkt. Acht Jahre darauf mokierte sich Voltaire in seinem «Essai sur les mœurs» über die «runden Augen», die «flache Nase», die «immer dicken Lippen» und die «Wolle auf dem Kopf» schwarzer Menschen. Und wiederum acht Jahre später verkündete Immanuel Kant, die Intelligenz der «Neger Afrikas» reiche über das Lächerliche nicht hinaus. Hegel wiederum argumentierte wie viele zeitgenössische Ökonomen und Sklavenhändler, indem er hervorhob, dass das Los der in die «Neue Welt» verschleppten Sklaven «im eigenen Land fast noch schlimmer [ist], wo eben ebenso absolute Sklaverei vorhanden ist».[83]

Insgesamt finden wir «unter den nennenswerten philosophischen Zeitgenossen der atlantischen Sklaverei bis ins Revolutionszeitalter hinein kaum einen Kritiker des Systems».[84] Am Ende erweisen sich die Klassiker der europäischen Aufklärung in ihrem Umgang mit Sklaverei bestenfalls als ambivalent, vor allem aber waren sie für den weiteren Fortgang lediglich von eingeschränkter Bedeutung. Eine zentrale Rolle für die Abolition spielten vielmehr die politische Auseinandersetzung sowie das eher unkoordinierte Zusammenspiel von religiös erweckten Propheten und Moralisten. Während in Frankreich der politische Kampf gegen Sklavenhandel und Sklaverei vergleichsweise unbedeutend blieb, entwickelte sich in England rasch eine heterogene, mehrheitlich von Evangelikalen getragene Antisklavereibewegung. Dieser Gruppe gelang es bald, den Widerstand gegen die Sklaverei in weitere Volksschichten hineinzutragen. Dabei wurde Sklaverei von ihnen als Sünde und Verbrechen gegen die göttliche Vorsehung aufgefasst, der Kampf gegen die Sklaverei mithin als Kreuzzug individueller und nationaler Sündenreinigung geführt. Der Appell an das Mit-Leiden mit den Versklavten verknüpfte sich mit der Verheißung des reinen Gewissens. Religiöse Erweckung und Abolition gingen Hand in Hand.[85]

In den 1780er Jahren begann überdies der parlamentarische Kampf. William Wilberforce, ein weiterer Evangelikaler und begnadeter Redner, setzte als Unabhängiger eine parlamentarische Untersuchung des Sklavenhandels und der Plantagensklaverei durch. Vor allem aber waren die Abolitionisten so etwas wie die erste internationale Menschenrechtsbewegung. Sie setzte erstmals auf breiter Linie uns auch heute noch vertraute Instrumente zur Durchsetzung ihrer Ziele ein: Konsumboykott, Flugschriften, Petitionen, politische Poster und Buttons sowie nationale Kampagnen, die von lokalen Komitees getragen wurden. «Die Sklaverei war in jenem Moment dem Untergang geweiht, als mit jedem Löffelgriff in die Zuckerdose das Seufzen der fernen und unsichtbaren Sklaven zu ertönen schien.»[86] Der Bewegung gelang auf eindrucksvolle Weise die Politisierung des Gefühls, etwa mit der massenhaften Verbreitung jenes berühmten Bildes eines knienden Sklaven, der ausruft: «Bin ich nicht ein Mensch und ein Bruder?» Überdies stand der Erfolg der Antisklavereibewegung im Einklang mit einem nach dem Verlust der nordamerikanischen Kolonien neu formulierten nationalen Interesse. «Gegen die Sklaverei zu sein, wurde zu einem Emblem nationaler Tugend, zu einem Mittel, mit dem die Briten Fremde durch ihre grenzenlose Freiheitsliebe beeindrucken konnten.»[87] In weiten Teilen der britischen Gesellschaft breitete sich ein neues, nicht zuletzt auf der Vorreiterrolle bei der Abschaffung des Sklavenhandels basierendes Selbstvertrauen über den Auftrag Großbritanniens in der Welt aus. Außenminister Palmerston brachte dieses Selbstverständnis 1848 auf den Punkt: «Wir stehen an der Spitze moralischer, politischer und sozialer Zivilisation. Unsere Aufgabe ist es, den Weg zu weisen und die Entwicklung anderer Nationen zu lenken.»[88]

Die britische Regierung nahm die Abolitionsdekrete durchaus ernst. Sie suchte andere am Sklavenhandel beteiligte Staaten zu überzeugen, dieses Geschäft zu verbieten, und entsandte zudem Schiffe an die Westküste Afrikas, um den Handel ganz konkret zu unterbinden. Historiker haben ausgerechnet, dass die Briten in der ersten Hälfte des 19. Jahrhunderts so viel Geld für die Bekämpfung des Sklavenhandels ausgaben, wie sie in der zweiten Hälfte des vorangegangenen Jahrhunderts an Profiten aus dem Handel eingestrichen hatten. Die Unterdrückung des Sklavenhandels durch die britische königliche Marine erfolgte freilich häufig mit imperialistischen Methoden, das hieß durch Zwang und Einschüchterung anderer Staaten. Nachdrücklich forcierte Großbritannien den Weg zu einem internationalen Vertragsregime, das die Abschaffung des Handels mit menschlicher Ware regeln sollte. Sicherlich vorhandene humanitäre Überlegungen gingen stets einher mit geostrategischen und ökonomischen Erwägungen. Denn zugleich lieferten die Briten auch im 19. Jahrhundert ein Gutteil der Waren, die an den Küsten Afrikas gegen Sklaven eingetauscht wurden. Insbesondere in Brasilien und Kuba fanden Sklavenhändler weiterhin viele Abnehmer. Britische Werften bauten Schiffe, die im Sklaventransport Einsatz fanden. Und es waren nicht selten Briten, die von der

Marine beschlagnahmte Sklavenschiffe auf- und an Sklavenhändler wiederverkauften. Vor allem aber verfügte Großbritannien über jene etablierten Netzwerke und Instrumente in Handel und Finanzen, die es erlaubten, den langfristige Investitionen benötigenden Sklavenhandel angemessen mit Kredit und Kapital auszustatten und auf diese Weise auch im Kontext der Abolition lukrativ zu halten.[89] Im Zusammenhang mit dem Ende des Sklavenhandels stand zu Beginn des 19. Jahrhunderts auch die Ansiedlung von durch die britische Marine befreiten Sklaven in Sierra Leone sowie von freien Schwarzen aus den USA in Liberia. Bei diesen Projekten wurde jedoch auf die ortsansässige Bevölkerung keinerlei Rücksicht genommen. Überdies zeigten sich die Siedler von einem zivilisatorischen Überlegenheitsgefühl erfüllt, so dass sich mit weißen Siedlerkolonien vergleichbare Strukturen sozialer und ethnischer Privilegierung bei gleichzeitiger Herabwürdigung und Unterdrückung der lokalen afrikanischen Bevölkerung entwickelten.

Das 19. Jahrhundert war keinesfalls das Zeitalter der Abolition, sondern im Gegenteil eine Periode, in welcher der Handel mit Menschen weiterhin boomte. Im Raum des Indischen Ozeans etwa blieb ein dem Atlantik vergleichbares breitgefächertes Engagement der Abolitionisten aus. Überdies setzten die britischen und niederländischen Kolonialregierungen die in den «Mutterländern» erlassenen Verordnungen in den seltensten Fällen um. In Indien etwa wurde 1842 nach langem Hin und Her und zahlreichen Kommissionsberichten ein Gesetz verabschiedet, das den Sklavenhandel mit Frauen und Kindern unterbinden sollte, aber nur halbherzig durchgesetzt wurde. In Batavia entschlossen sich die Niederländer erst nach langem Zögern Ende des 19. Jahrhunderts, die Sklaverei schrittweise abzuschaffen. Gleichzeitig erreichte das System der Fronarbeit seinen Höhepunkt, während zugleich die Verurteilungen von Sträflingen zu schwerer körperlicher Arbeit drastisch zunahmen, um auf diese Weise den Zugang zu unbezahlten Arbeitskräften für Plantagen und Infrastruktur weiterhin zu sichern.

Aber auch im Atlantik hielten Sklavenhandel und Sklaverei an. Insbesondere die Karibikinsel Kuba profitierte weiter vom

Handel mit der Ware Mensch und wurde durch die Arbeitsleistung der Versklavten in diesem Zeitraum zur reichsten und wohl auch technologisch modernsten Kolonie der Welt, indem sie Sklaverei, Schmuggel, avancierte Technologie und Wissenschaft eng verknüpfte. Die Geschichte des Sklavenschiffs «Amistad», die es nicht zuletzt dank Steven Spielbergs Verfilmung von 1997 zu beträchtlicher Bekanntheit gebracht hat, bietet einen «emblematischen Einzelfall», der auf das umfassende atlantische Sklavereisystem nach dem offiziellen Ende des Sklavenhandels verweist. Das Drama um die «Amistad» ereignete sich mehr als zwanzig Jahre nachdem der Sklavenhandel über den Atlantik zwischen Afrika und Kuba verboten worden war. Nach ihrer Verschleppung in Afrika waren Sklaven, die mehrheitlich aus Sierra Leone stammten, in Havanna erneut auf ein Schiff gezwungen worden, um auf einem anderen Teil der Insel zu arbeiten. Auf dieser Fahrt gelang es ihnen, im Juli 1839 das Schiff unter ihre Kontrolle zu bringen. Sie töteten den Kapitän und versuchten nach Afrika zu segeln, was jedoch misslang. Die «Amistad» irrte vor der Ostküste der USA herum, wurde aufgebracht und nach New York manövriert. Dort begann eine aufsehenerregende juristische Auseinandersetzung, an deren Ende der vorwiegend mit Sklavereibefürwortern aus den Südstaaten besetzte *Supreme Court*, das oberste Gericht in den USA, entschied, dass die Afrikaner auf der «Amistad» freie Menschen seien. Das Gericht verurteilte in diesem Zusammenhang explizit nicht die Sklaverei, sondern die Versklavung der Afrikaner in Afrika, zumal die spanische Seite mit Hilfe gefälschter Papiere behauptet hatte, die Sklaven stammten aus Kuba.

Großes Aufsehen erregte die Begründung der Entscheidung, denn die Richter argumentierten mit dem «ewigen Prinzip der Gerechtigkeit», was nahezulegen schien, dass aus Afrika verschleppte Sklaven das Recht hatten, sich auf Schiffen gegen die Mannschaft zu wehren. Es handelte sich jedoch nicht nur um einen bedeutenden Rechtsfall, die Geschichte der «Amistad» verweist ebenso auf die Praktiken des Sklavenhandels im «verborgenen Atlantik» des 19. Jahrhunderts. So waren einige der «Amistad»-Gefangenen bereits Sklaven, bevor sie in Afrika das

Schiff betraten, andere gehörten zur Elite. Einige hatten ein Handwerk praktiziert, etwa als Schmied. Teile der Aufständischen waren Mitglieder eines kampferprobten Geheimbundes in Sierra Leone, was die Kommunikation und Kooperation zwischen den Versklavten erleichterte. Der während der Rebellion ermordete Kapitän Ramón Ferrer verkörperte geradezu paradigmatisch die Figur des Menschenschmugglers und Sklavenhändlers. «Vom Sohn Ibizas, aus einer Familie kleiner Kaufleute und Schiffseigner, brachte er es zum wagemutigen Schmuggler, der nicht nur kleinen Küstenhandel betrieb, sich aber gerne als bescheidener Küstenfahrer darstellte.» Obwohl sich Ferrer wiederholt über große Verluste in diesem Geschäft beklagte, konnte er beträchtliche Gewinne erzielen, die er in modernste Technologien investierte: Dampfschiffe, Zuckerplantagen, Hafenausbau und Eisenbahnen.[90]

In der Periode des «verborgenen Atlantik» waren vor allem Brasilianer, Nordamerikaner und Kubaner die Hauptakteure der Fahrten zwischen Afrika und Amerika. Zwar hatten sich die meisten europäischen Mächte formal der von Großbritannien forcierten Politik der Ächtung des Sklavenhandels angeschlossen. Doch insbesondere Spanien konnte und wollte auf die massiven, auf Menschenschmuggel und Sklavenarbeit basierenden Kapitaltransfers aus seiner Kronkolonie Kuba nicht verzichten: Steuern, Geld, Zölle und Zucker, Kaffee, Tabak und Rum waren für das «Mutterland» von enormer Bedeutung. Folglich drückten alle Kolonialbeamten auf Kuba vor dem Schmuggel die Augen zu. Im Ergebnis stieg im Jahrhundert der christlichen Abolition die Bedeutung des menschlichen Körpers als Währung und Ware noch einmal beträchtlich an, eine Entwicklung, die auch Zeitgenossen nicht entging. Der Missionar Christian Georg A. Oldendorp etwa notierte über die Karibik: «Man pflegt auf den Inseln zu sagen, dass das Negerfleisch unter allem das teuerste sei. Es steckt in diesen Menschen ein großes Capital und der größte Teil des Vermögens ihrer Herren, ohne welchen denselben ihre anderen Güter nicht viel helfen werden.»[91]

Unterdessen hatte sich Großbritannien entschieden, nach dem Sklavenhandel auch die Sklaverei abzuschaffen. Im Emanzipationsgesetz von 1833 wurde festgelegt, dass am 1. August 1834 die Sklaverei in allen britischen Besitzungen – außer in Indien und Ceylon – aufzuheben sei, allerdings mit einer bezeichnenden Bedingung: Sklaven sollten für mindestens sechs Jahre drei Viertel ihrer Zeit weiterhin für ihre früheren Besitzer gegen Essen und Kleidung tätig sein, ein Viertel stand ihnen für die Bearbeitung eines eigenen Stück Landes zu Verfügung. Die paternalistische Bezeichnung für dieses Stadium, das vielerorts von brutaler Gewalt geprägt war, lautete «Lehrverhältnis» (*apprenticeship*). Noch bezeichnender war, dass die Sklavenhalter mit der gigantischen Summe von 20 Millionen Pfund, das entsprach 40% des damaligen jährlichen Staatshaushaltes, für den Verlust ihres menschlichen Besitzes entschädigt wurden. Erst 2015 war das für den «Slavery Abolition Act» aufgenommene Geld zurückgezahlt![92]

Abolitionismus blieb keineswegs auf die nordatlantischen Mächte beschränkt. Opposition gegen die Sklaverei fand sich beispielsweise auch in islamischen Gesellschaften und begann dort nicht erst, wie häufig unterstellt, aufgrund westlichen Einflusses. Die Drusen hatten bereits im 11. Jahrhundert die Sklaverei abgeschafft. Freilich handelte es sich bei ihnen um eine kleine, durchaus marginale Gruppe, so dass diese Maßnahme keine größere Wirkung entfaltete. Bedeutsamer, wenngleich weniger radikal waren 500 Jahre später Reformen in den «Gunpowder Empires» Asiens, beispielsweise im Mogulreich in Indien. Überdies erhoben sich von Timbuktu bis Sulawesi Stimmen gegen bestimmte Formen der Versklavung und Sklavennutzung und wurden Teil einer Tradition, auf die sich spätere Reformer beziehen konnten. Ende des 19. Jahrhunderts unterzogen Reformer unterschiedlichster Couleur den Koran im Rahmen einer größeren Bewegung zu seiner Wiederbelebung und Erneuerung einer intensiven Neulektüre. Zu ihrer nicht geringen Überraschung mussten sie feststellen, dass die Begründungen für Sklaverei im Koran keineswegs eindeutig waren, so dass sich in der Folge verschiedene Reformbewegungen etwa in Nigeria und Niger entfalteten.[93]

Sklaverei, Kapitalismus und «freie Arbeit»

1869 schrieb der berühmte Historiker William E. H. Lecky in seiner «History of European Morals from Augustus to Charlesmagne», der Kreuzzug Englands gegen Sklavenhandel und Sklaverei habe «wohl zu den drei oder vier perfekten Seiten in der Geschichte der Nationen» gehört. Noch lange danach dominierte in der Historiographie wie in der Öffentlichkeit eine idealistische Interpretation, welche Abolition und Emanzipation im britischen Empire zuvörderst als Sieg einer neuen humanitaristischen Denkweise und Haltung über Vorurteile, Gleichgültigkeit und wirtschaftliche Interessen deutete. In den ersten Dekaden des 20. Jahrhunderts wurde das Bild von einer Abolition zementiert, die zunächst von wenigen ebenso aufrechten wie einsamen Kämpfern wie den Quäkern und den «Heiligen» um William Wilberforce angestrebt worden sei, um dann schließlich von einer breiten, alle Schichten transzendierenden Volksbewegung zum Sieg getragen zu werden.

Gegen diese Betonung des britischen Gutmenschentums lief in den späten 1930er Jahren in Oxford ein junger Doktorand aus Trinidad Sturm. Überzeugt, dass nicht Ideen, sondern das Geld die Welt regiere, stellte Eric Williams dieser Sichtweise in seiner 1944 publizierten Dissertation «Capitalism and Slavery» ein Argumentationsbündel entgegen, in dem die Abolition im Wesentlichen als eine zwangsläufige Folge veränderter wirtschaftlicher Rahmenbedingungen gedeutet wurde. Die Sklaverei, so Williams' These, sei abgeschafft worden, weil sie sich nicht länger rentierte. Zunächst hätten Sklavenhandel und mit Sklavenarbeit betriebene Plantagenökonomie in den Amerikas das Kapital für die Industrielle Revolution generiert. Der Dreieckshandel sei vor allem so bedeutsam gewesen, weil er ideal in das merkantilistische Wirtschaftssystem gepasst und auf diese Weise die Landwirtschaft in den Kolonien, die Manufakturen im Mutterland und den internationalen Handel gleichermaßen stark gefördert habe. Die Industrielle Revolution verschaffte Williams zufolge dann aber Kräften zum Aufstieg, die im Freihandel eine Voraussetzung für den eigenen Erfolg sahen. Der Kampf gegen die Sklaverei sei daher verknüpft gewesen mit dem Kampf gegen das überflüssig gewordene westindische Zuckermonopol mit seinen Vorzugszöllen zu Lasten der Einfuhren aus anderen Produktionsgebieten, zum Beispiel aus Ostindien. Das gemeinsame Interesse am Freihandel habe Fabrikherren, Indien-Händler, Hafen- und Industriestädte mit den Philanthropen zusammengeführt.

Williams' Thesen haben im Laufe der Jahrzehnte aus vielen Richtungen Gegenwind erfahren. Sklaverei hatte sich, da ist sich das Gros der Wirtschaftshistoriker inzwischen einig, zu Beginn des 19. Jahrhunderts ökonomisch keineswegs überlebt. Die Abolition des Sklavenhandels war daher nicht zuletzt die politische Zerstörung einer prosperierenden Kolonialwirtschaft, so dass der Historiker Seymour Drescher in diesem Zusammenhang sogar den Begriff des «Ökonozids» schöpfte. Und es waren keineswegs partikulare Wirtschaftsinteressen, welche die Politik bewegten. Politischen und ideologischen Faktoren kam daher zweifellos eine größere Bedeutung zu, als Williams konzedieren wollte. Dennoch darf die berechtigte Kritik nicht den Blick für die Perspektiven verstellen, die «Capitalism and Slavery» ermöglicht hat. Williams zeigte erstmals, wenn auch nur skizzenhaft, die Bedeutung der Sklaverei für die Formierung der modernen Weltwirtschaft. Er verwies zugleich auf eine «gemeinsame Geschichte» Europas und der nichteuropäischen Welt. Und auch wenn die Behauptung, die Industrielle Revolution in England sei allein der Arbeit afrikanischer Sklaven auf den Zuckerplantagen zu verdanken gewesen, derart zugespitzt nicht zu halten ist, geht sie doch nicht völlig an der Realität vorbei. Denn zum einen spielte der Handel mit Plantagenprodukten – und damit den Produkten der Arbeit afrikanischer Sklaven – für die kapitalistische Entwicklung in England eine wichtige Rolle. Und zum anderen zeitigte die atlantische Sklavenwirtschaft zwar indirekte, gleichwohl beträchtliche Auswirkungen auf den Schiffsbau-, Finanz- und Versicherungssektor.[94]

Insbesondere die Ausbreitung der Baumwollindustrialisierung in der ersten Hälfte des 19. Jahrhunderts zeigte, dass Sklaverei und Kapitalismus sich nicht ausschlossen. Nun wurde aber zunehmend «freie Arbeit» nicht nur zu einem Dogma des Abolitionismus, sondern zu einer Kernideologie der sich massiv entfaltenden kapitalistischen Ordnung. Beides hing zusammen, denn die abolitionistische Doktrin half in der nordatlantischen Welt innenpolitisch die neue industriegesellschaftliche Ordnung abzusichern, indem sie dafür grundlegende soziale und moralische Werte wie freie Marktwirtschaft und Selbstverantwortung anpries. Überdies spielte die Antisklavereibewegung eine wichtige Rolle dabei, Lohnarbeit im Rahmen der atlantischen kapitalistischen Ökonomie ideologisch als Normalfall zu privilegieren. Innerhalb der Abolitionsbewegung im britischen Empire blieb die Frage, ob Sklaverei von anderen Formen der Arbeit klar abgegrenzt und steuerpflichtig gemacht werden sollte, lange Zeit offen. Englische Arbeiter, die nicht unbedingt einsahen, warum handwerkliche Privilegien, Gemeinschaftsverordnungen und paternalistische Beziehungen zu Eliten auf dem Altar des Marktes geopfert werden sollten, waren auch nicht davon überzeugt, dass Sklavenarbeit in der Karibik und englische Lohnarbeit in eine gemeinsame Klassifikation gehörten. Am Ende setzte sich eine enge, klar von Sklaverei abgesetzte Definition von freier Lohnarbeit durch, und Arbeiterorganisationen nutzten Postulate von Männlichkeit, Weißsein und Englischsein, um exklusive Forderungen zu artikulieren.[95]

Im Übrigen ist «freie Arbeit» schwer zu greifen, weil sie mehr ideologisches Konstrukt als Beschreibung ist. Für Karl Marx war die Vorstellung, wonach Menschen auf dem Arbeitsmarkt eine freie Wahl haben, ein Fetisch, eine symbolische Struktur, die komplexe Machtbeziehungen verbarg. Sein Konzept von der doppelt freien Lohnarbeit – Freiheit vom Zwang und Freiheit vom Eigentum an Produktionsmitteln – war daher nicht zuletzt ironisch gemeint und suchte die Einschränkungen aufzuzeigen, welche die Ideologie freier Arbeit verschleierte.[96] Gleichwohl waren reale Differenzen zwischen «freier» und «unfreier» Arbeit durchaus erfahrbar und für ehemalige Sklaven von entscheidender Bedeutung. Sie erfuhren «Freiheit» zwar häufig als prekär, begrenzt, gar fadenscheinig, aber sie stellte dennoch eine wichtige Kategorie und einen grundlegenden Anspruch dar.[97] Die Staaten des atlantischen Raumes überließen es im 19. Jahrhundert keineswegs einfach dem Markt, fortdauernd Zugriff auf eine hinreichend große und disziplinierte Arbeiterschaft zu haben. Neben positiven Arbeitsanreizen standen starke staatliche Zwangsinstrumente: Gesetze zur Regelung des Verhältnisses zwischen Arbeitern und Unternehmern, strafrechtliche Sanktionen für das Verlassen des Arbeitsplatzes und Verordnungen gegen die Herumstreunerei. In den Vereinigten Staaten koexistierten für längere Zeit freie Arbeit und «chattel slavery», mit durchlässigen Grauzonen zwischen beiden Formen. In Baltimore etwa, in der ersten Hälfte des 19. Jahrhunderts eine dynamische und prosperierende Hafenstadt an der atlantischen Ostküste, agierten Sklavenhalter in der Grauzone zwischen Sklaverei und kapitalistischen Arbeitsverhältnissen in einer Weise, die an moderne Arbeitsleihfirmen gemahnt. Sie entsandten «ihre» Sklaven als Arbeitskräfte gerne in die Stadt, wo sie sie auf im Grunde «freie» Arbeitsplätze wie zum Beispiel im Hafen, vermittelten, um den fälligen Arbeitslohn dann als laufende Rendite zu kassieren.[98]

In den Kolonialreichen schufen Administratoren und Unternehmer neue Wege zur Unterdrückung und Kontrolle der Arbeiter, um das Plantagensystem auch nach dem formalen Ende der Sklaverei fortzuführen. Menschen etwa aus China und Indien wurden im 19. Jahrhundert auf der Grundlage höchst einseitiger Kontrakte als *indentured labourers* über weite Strecken auf Plantagenregionen beispielsweise in die Karibik geschafft und standen in von Zwang und Gewalt geprägten Arbeitsverhältnissen, welche die Herrschenden freilich unter Rückgriff auf den Fetisch des Arbeitsvertrages als «frei» deklarierten. Für die Dauer des Vertrages, den die Arbeiter selbst nicht beenden konnten, hatten die Plantagenbesitzer nahezu uneingeschränkte Verfügungsgewalt über «ihre» Arbeiter. Diese Praxis wurde mit dem zynischen Argument gerechtfertigt, *indenture* sei eine «Schule» für die Arbeiter, um ihnen beizubringen, wie man einen Vertrag abschließt und einhält.[99] Mit Blick auf Afrika nutzten die europäischen Mächte wiederum die Ideologie der «freien Arbeit», verbunden mit dem Anspruch, die Sklaverei zu beseitigen, als Vorwand, um die koloniale Aufteilung des Kontinents zu legitimieren.

VI. Der langsame Tod der Sklaverei: Afrika

Sklavenhandel und Sklaverei im vorkolonialen Afrika

Sklaverei existierte in Afrika in verschiedenen Formen bereits vor der vermehrten Präsenz von Europäern im 15. Jahrhundert. Die europäische Nachfrage nach menschlicher Ware verschärfte jedoch rasch Versklavungspraktiken und die potenzierte Anzahl von Sklaven in verschiedenen Regionen des Kontinents. Der Sklavenhandel wurde in Teilen Afrikas – insbesondere in den Waldlandgebieten längs der westafrikanischen Küste bis zu den Savannen Angolas – bereits ein Jahrhundert später selbst zu einer wichtigen Stütze politischer Herrschaft, zur Grundlage weitverzweigter Handelssysteme, zur Quelle von Reichtum, Einfluss und Macht. Die wirtschaftliche Basis großer Reiche in Westafrika wie Dahomey im heutigen Benin und Ashanti im heutigen Ghana bestand zu einem Gutteil aus Fremdleistungen. Das Königreich Dahomey etwa entwickelte sich in der Zeit des atlantischen Sklavenhandels zu einer regelrechten Sklavenproduktionsmaschinerie und wurde ein Staat, dessen jährlich wiederkehrende, in der Trockenzeit unternommene Kriegszüge primär der Erbeutung neuer Sklaven dienten. Diese Sklaven mussten dann im königlichen Haushalt und auf den Feldern schuften. Ein Teil der Versklavten wurde an europäische Sklavenhändler verkauft. Mit der rasch wachsenden Kommerzialisierung der Sklaverei verstärkten sich die Unterschiede zwischen einer marktorientierten Sklaverei und der Versklavung von Individuen in vergleichsweise wenig stratifizierten Gesellschaften, die in Isolation von Fernhandel und Weltmärkten existierten. Der Großteil des Sklavenhandels wurde von Bewohnern größerer Staaten auf Kosten kleinerer Gesellschaften abgewickelt, wobei sich eine zunehmende Vereinigung von politischer

Macht und Handelsmacht vollzog. Entweder brachten Herrscher zunehmend den Handel unter Kontrolle, oder Händler erlangten politische Macht. Dies führte zu konfliktreichen Konstellationen. Eine große Bedeutung bekam in dieser Zeit in vielen Regionen Afrikas der Import und Gebrauch von Feuerwaffen, durch welchen kleine, gut bewaffnete Minderheiten in die Lage versetzt wurden, größere Bevölkerungsgruppen zu beherrschen.

Eine Vielzahl von Gruppierungen war in Sklavenhandel und Sklaverei involviert, darunter in den meisten Teilen des Kontinents auch Muslime. Es wäre jedoch falsch, sie ausschließlich auf diesen Bereich zu reduzieren.[100] Überdies stellt sich die Frage, was genau eigentlich «muslimisch» an Sklaverei in einer muslimischen Gesellschaft in Afrika war? Viele Muslime setzten sich in der einen oder anderen Form mit Sklaverei auseinander. Religion spielte in diesem Zusammenhang eine wichtige Rolle sowohl zur Rechtfertigung als auch Ablehnung von Sklaverei. Dabei ist es schwer, ein allgemeines Bild der Haltung von Muslimen zu Sklaverei und Sklavenhandel zu zeichnen. Alle Deutungen der *Sharia* untersagen bekanntlich dem Gläubigen, andere Muslime zu versklaven. Die Gefangennahme und der Besitz von «Ungläubigen» waren hingegen erlaubt, und nicht selten rechtfertigten Muslime diese Praxis als Versuch, Sklaven zum Islam zu konvertieren. Mit der Zunahme des Sklavenhandels wirkte der Schutz, den eine muslimische Identität bot, als Anreiz zur Konversion, insbesondere in den Regionen, wo muslimische Händler Sklaven an die Europäer oder deren Zwischenhändler verkauften. Gelegentlich wurden auch muslimische Sklavenhändler Opfer der in vielen Teilen Afrikas eskalierenden Gewalt und selbst an Europäer verkauft und über den Atlantik zwangsverschifft. Ein gutes dokumentiertes Beispiel ist Ayuba Suleyman Diallo, ein Fulbe aus Bundu, dem es jedoch gelang, nach Afrika zurückzukehren.[101] Versklavung und Sklaverei in muslimischen Gesellschaften und durch muslimische Herrscher in Afrika lässt sich aber nicht allein auf ihre religiöse Dimension begrenzen. Sie war wie an vielen anderen Orten ebenso eine Form der Rekrutierung von Arbeitskraft und allgemein Teil politischer und ökonomischer Strategien.

Neuere Forschungen heben hervor, dass auch Afrikaner gegen Sklaverei und Sklavenhandel agiert haben. Ein besonders instruktives Beispiel ist Lourenço da Silva Mendonça, ein Mitglied der königlichen Familie der Ndonga im heutigen Angola, der von den Portugiesen ins Exil gezwungen wurde, über Brasilien und Portugal nach Italien gelangte und schließlich 1684 im Vatikan Freiheit für alle versklavten Menschen forderte. Wenn die Folgen des Sklavenhandels für Afrika analysiert werden sollen, sieht man sich vor allem mit zwei größeren methodischen Problemen konfrontiert. Erstens differierte die Präsenz des Handels regional und zeitlich enorm. Einige kleinere Gesellschaften wurden nahezu ausgelöscht. Andere litten für eine gewisse Zeit schwer, blieben aber letztlich wenig berührt. Wieder andere Gruppen waren über Jahrhunderte einbezogen, ohne dass sich größere Auswirkungen feststellen lassen. Einige Gruppen profitierten gar auf Kosten ihrer Nachbarn vom Handel. Angesichts der großen demographischen, politischen und institutionellen Unterschiede wäre es im Übrigen überraschend, wenn die Sozialgeschichte aller Regionen gleichermaßen betroffen wäre. Zweitens gibt es kaum verlässliche Daten über die Bevölkerung des vorkolonialen Afrika. Es spricht jedoch einiges dafür, insbesondere den atlantischen Sklavenhandel als einen radikalen Bruch in der Geschichte Afrikas zu deuten, denn die ökonomischen Kosten des Handels mit Menschen waren vor allem aus drei Gründen hoch: Erstens deutet das damalige niedrige Pro-Kopf-Einkommen darauf hin, dass die ökonomischen Vorteile des Sklavenexports nirgendwo groß genug waren, um die sozialen und politischen Kosten der Teilnahme am Sklavenhandel aufzuwiegen. Zweitens hatten der Umfang des Handels, die damit zusammenhängenden Prozesse der Versklavung, die Todesfälle und sozialen Verwerfungen potentiell gravierende demographische Folgen. Drittens schließlich erfuhr Afrika durch den Sklavenhandel den relativen Niedergang seiner Position im Welthandel. Der dramatische Anstieg der Sklavenbevölkerung in Afrika selbst war das Resultat einer dialektischen Beziehung zwischen der Sklaverei in den Amerikas und der Versklavung, dem Handel mit und der Nutzung von Sklaven in Afrika.[102]

Der Sklavenhandel intensivierte, verlängerte und weitete zahllose bereits existierende Konflikte in Afrika aus: Resultat dieser Transformation waren etwa die dauerhafte Vertreibung von Bevölkerungen in weniger fruchtbare Gebiete sowie der Aufstieg von Banditen und Warlords und größeren Reichen. Die Jahrhunderte des Sklavenhandels sahen massive Umsiedlungen von Menschen, ältere Sprachen und Kulturen expandierten, andere verschwanden, und viele neue Gruppen und Gesellschaften entstanden, in denen wir teilweise bereits die heute existierenden ethnischen Gruppen erkennen können. Diese Transformationen machen das heutige Afrika durchaus zu einem Produkt der Ära des Sklavenhandels, selbst wenn der Übergang von Sklaven- zum Warenhandel im 19. Jahrhundert, das zunehmende Bevölkerungswachstum sowie die Kolonialherrschaft der ersten Hälfte des 20. Jahrhunderts rezentere und wohl auch wichtigere Einflussfaktoren darstellen.

Die menschlichen Kosten etwa der verstärkten Integration verschiedener Regionen Afrikas in die globale Ökonomie durch den Sklavenhandel hatten zum einen die Gefangenen und Versklavten zu tragen, die in Afrika blieben – in ihrer Mehrzahl Frauen. Sie wurden von ihren Familien getrennt, erhielten selten ausreichend Nahrung, litten unter patriarchalischer und politischer Herrschaft und mussten extrem hart arbeiten, um die Nahrungsmittel anzubauen, die Kaufleute, Träger, Wachleute und andere konsumierten, welche die Landwirtschaft aufgegeben hatten, um für neu entstehende Handelsfirmen zu arbeiten. Zum anderen hatten natürlich jene Sklaven, die in die Amerikas oder andere Teile der Welt verschleppt wurden, die menschlichen Kosten des Handels zu tragen. Hierbei handelte es sich häufig um (junge) Männer. Afrikanische Reaktionen auf den kommerziellen Stimulus bzw. die Gelegenheiten, welche die sich durch den Sklavenhandel dynamisierende atlantische Wirtschaft bot, erwuchsen ebenso aus menschlicher Gier (von Afrikanern und Europäern) wie aus durch wachsende ökologische Zwänge hervorgerufenen internen Spannungen afrikanischer Gesellschaften sowie durch externe «Auswirkungen des Sklavenhandels».

Abolition und die Etablierung kolonialer Herrschaft

Die vor allem von Großbritannien forcierte Abschaffung des Sklavenhandels zeitigte in Afrika selbst keine sichtbaren Resultate. Im Gegenteil: Der innerafrikanische Sklavenhandel nahm noch zu. Die nachlassende amerikanische Nachfrage an Sklaven wurde durch eine steigende heimisch-afrikanische Nachfrage ausgeglichen. In Westafrika hatten islamische Revolutionen des späten 18. und frühen 19. Jahrhunderts neue Staaten mit einer Sklavenwirtschaft geschaffen. Das Kalifat von Sokoto, charakterisiert durch eine florierende Plantagenwirtschaft, gehört zu den größten Sklavenhaltergesellschaften in der Geschichte der Menschheit. Zum Zeitpunkt der kolonialen Eroberung des Kalifats durch die Briten an der Wende zum 20. Jahrhundert lebten dort schätzungsweise 1,5 bis zwei Millionen Sklaven, mehr als die Hälfte der Gesamtbevölkerung. Sie waren auf unterschiedlichen Wegen in die Sklaverei geraten. Einige waren als Kriegsgefangene versklavt worden, andere Opfer gezielter Sklavenjagden oder Gegenstand von Tributzahlungen, die vom Sokoto-Reich unterworfene Gesellschaften leisten mussten. Nirgendwo in Afrika und zu keinem anderen Zeitpunkt weiteten sich Sklaverei und Sklavenhandel allerdings so signifikant aus wie in Ostafrika im 19. Jahrhundert. Die ostafrikanische Insel Sansibar stieg dank ihrer Sklavenplantagen innerhalb weniger Jahre zum weltweit größten Produzenten von Gewürznelken auf. Und selbst in den küstennahen Gebieten Westafrikas, den Hauptorten für den Anbau von Erdnüssen und der Gewinnung von Palmöl, ging die Sklaverei mit dem europäischen Verbot keineswegs zu Ende. Die Herrscher vieler dortiger Gesellschaften exportierten nun von Sklaven angebaute Waren anstelle der Menschen, die diese Waren produzierten.[103]

In der zweiten Hälfte des 19. Jahrhunderts verbreitete sich in Europa eine neue Sicht auf die Afrikaner, die nun nicht mehr, wie noch in der Abolitionsdebatte, als versklavte Opfer erschienen, sondern als versklavende Tyrannen. Nicht zuletzt die Reisen des schottischen Missionars David Livingstone, der ausgezogen war, die Afrikaner zu christianisieren und vom Joch der Sklaverei zu befreien, popularisierten eine solche Sichtweise. Die in Afrika verbreitete Sklaverei, schrieb er in einem seiner Bücher, stelle ein unüberwindbares Hindernis für allen moralischen und kommerziellen Fortschritt dar, störe die für das normale Handelsgeschäft notwendige Ordnung und unterhöhle Anreize, sich in der Landwirtschaft oder Lohnarbeit zu engagieren. Die Vorstellung von Afrika als einem von Sklaverei durchzogenen Kontinent, der von seinen eigenen, allzu oft muslimischen Tyrannen unterdrückt und vom Pfad zu Zivilisation, Christentum und Handel ferngehalten werde, war seit den 1860er Jahren zentral für die Missionspropaganda und die Antisklavereibewegungen sowie eine wesentliche Komponente des für das europäische Lesepublikum zugänglichen Wissens über Afrika. Die auf koloniale Expansion drängenden Kräfte etwa in England, Frankreich oder auch in Deutschland verfügten also über ein neues Argument und konnten die koloniale Aufteilung Afrikas gar noch als humanitären Kreuzzug gegen Sklaverei und Sklavenhandel ausgeben. Die starke Hand des Kolonialstaates schien vonnöten beziehungsweise sogar die einzige Chance, um die Afrikaner gleichsam vor ihrer eigenen Gewalt zu schützen und nebenbei den Kontinent auch wirtschaftlich für die vermeintlichen Wohltaten des «rechtmäßigen» Handels zu «öffnen».[104]

Die neue Hinwendung zu staatlichen Interventionen im überseeischen Handel und in der Produktion entsprach den wachsenden sozialen Interventionen von Regierungen in Europa selbst – den staatlichen Bemühungen, «respektable» Arbeiterklassen zu schaffen. Das alte Europa hatte von der Gewalt in Afrika profitiert und diese stimuliert. Das neue Europa hingegen setzte nun ideologisch auf eine verlässliche und geordnete Expansion, die stabile soziale Strukturen hervorbringen würde. Ein solches Denken manifestierte sich nicht allein in den europäischen Metropolen und dort vor allem in den missionarischen Kampagnen gegen die Sklaverei, sondern gleichsam auch «vor Ort», in Afrika selbst, wo sich die verbreitete Gewalt negativ auf europäische Handelsinteressen auswirkte und komplizierte Debatten über die Frage auslöste, wo und wie europäische Regierungen intervenieren sollten, um kommerziellen Besitz zu schützen und wirtschaftlichen Fortschritt zu sichern. Kolonialismus konnte einer eher skeptischen Öffentlichkeit in Europa, die nicht recht davon überzeugt war, dass vom Imperialismus mehr als einige Abenteurer profitieren würden, mit Hilfe einer Rhetorik erklärt werden, welche an die Notwendigkeit des Fortschritts appellierte, über den auch in Europa so viel gesprochen wurde. Hervorzuheben ist, dass diese moralische Vision weitaus internationaler war als der von Großbritannien angetriebene Kampf gegen den Sklavenhandel nach 1807. Sich selbst inszenierten die imperialen Mächte als zivilisationsbringend, die Afrikaner hingegen als Sklavenhalter, zur Ordnung und Selbstkontrolle nicht fähig. Die europäischen Mächte würden kooperieren, um jene Strukturen zu schaffen, die eine geregelte und rationale Nutzung afrikanischer Ressourcen und Arbeitskraft ermöglichen.

Die Europäer erhoben also den Anspruch, ihre Kolonisierung Afrikas sei eine disziplinierte, begrenzte und zugleich zukunftsorientierte Unternehmung. Auf der vom deutschen Reichskanzler Bismarck einberufenen sogenannten Berliner Kongokonferenz 1884/85 schrieben die Großmächte die Aufteilung großer Teile Afrikas fest. Als wichtiges Motiv führte man immer wieder den Kampf gegen die Sklaverei an. Die an Ressourcen und Personal schwachen europäischen Kolonialherren jedoch waren vor allem in der Phase der Etablierung ihrer Herrschaft auf die Kooperation mit lokalen afrikanischen Eliten angewiesen, die wiederum häufig zu den wichtigsten Sklavenbesitzern in den jeweiligen Kolonien gehörten. So erließen die Kolonialmächte zwar nahezu überall Gesetze zur Beendigung von Sklaverei und Sklavenhandel, die Verwaltungen vor Ort taten in der Regel jedoch nicht viel, um diese auch durchzusetzen. In Angola beteiligten sich portugiesische Offizielle gar aktiv am Sklavenhandel, um die Versorgung der Plantagen auf Principe und São Tomé mit Arbeitskräften sicherzustellen.

Gleichwohl gelang es in vielen Kolonien relativ bald, Sklavenhandel in größerem Umfang zu unterbinden, wenngleich der heimliche Handel mit Menschen in kleinerem Maßstab häufig noch über Dekaden weiter andauerte. Nun war jedoch Sklavenhandel das eine, Sklaverei das andere. Keine der Kolonialmächte hatte es eilig, die Institution Sklaverei massiv zu bekämpfen. Dahinter stand die Furcht, die Befreiung von Sklaven würde zu einem massiven Rückgang wirtschaftlicher Produktivität und zu rasch wachsender Gesetzlosigkeit führen. Frühere Erfahrungen in Plantagenökonomien – vor allem in der Karibik – führten die Administratoren in den afrikanischen Kolonien zu der Überzeugung, dass befreite Sklaven ihre Herren sofort verlassen und nur für ihren Eigenbedarf arbeiten, ihre ehemaligen Herren aber nicht selbst zu manueller Arbeit bereit sein würden. Die Kolonialherren hofften nun auf einen graduellen Niedergang der Sklaverei, ohne dass dieser Prozess wirtschaftliche und soziale Proteste auslösen würde. Die Administrationen rechtfertigten ihr Scheitern bei der effektiven Bekämpfung von Sklaverei in der Regel mit dem Hinweis, Sklaverei in Afrika sei vergleichsweise mild und werde – nun ihrer grausamsten Aspekte wie Sklavenjagden, Entführungen und Handel beraubt – ohnehin sukzessive aussterben. Diese langsame Transformation sei auch im Interesse der Sklaven.

Die meisten Kolonisierenden waren wohl in der Tat überzeugt, die Sklaverei werde aufgrund der kolonialen Herrschaft irgendwann automatisch zu Ende gehen. Sie standen dabei jedoch vor einem Dilemma. Sie mussten einerseits die Sklaverei sichtbar zu bekämpfen vorgeben, um die ansässigen Missionare und die Öffentlichkeit in ihren Heimatländern zu beschwichtigen. Zugleich waren die Kolonialherren vor Ort aber der festen Überzeugung, die Ökonomien ihrer Besitzungen würden durch die abrupte Abschaffung von Sklaverei leiden, da die Einführung alternativer Formen der Arbeit und sozialen Kontrolle Zeit bräuchte. Jede Kolonialmacht suchte dieses Dilemma auf eigene Weise zu lösen und wechselte je nach Kontext auch mehrfach ihre Strategie.

Vielerorts brachten Kolonialbeamte geflüchtete Sklaven zu ihren Herren zurück, verweigerten ihnen Zugang zu Land und Lohnarbeit, zwangen sie, sich freizukaufen, verhafteten sie wegen angeblicher Landstreicherei oder ließen sie für die Verwaltung arbeiten. Häufig wurden Sklavenangelegenheiten an lokale oder muslimische Gerichte verwiesen, die selten im Sinn der Sklaven urteilten. Die Fähigkeit von Sklaven, sich aus eigener Kraft aus den Fesseln der Abhängigkeit zu lösen, hing letztlich nicht so sehr von der Gesetzgebung oder dem guten Willen der Kolonialbeamten ab, sondern eher von Gesichtspunkten wie Alter und Geschlecht, Zugang zu Land, Wasser, Vieh, Werkzeugen und Saatgut oder ob Lohnarbeit zu finden war. Umgekehrt hing das Schicksal der Sklavenbesitzer daran, die Kontrolle über diese Ressourcen aufrechtzuerhalten, denn Sklaverei blieb zunächst weiterhin eine wichtige Form der Mobilisierung von Arbeitskraft und der Legitimierung von Macht.[105]

Sklavinnen hatten besonders große Probleme, ihrem Schicksal zu entkommen. Noch 1916 beklagte ein britischer Missionar in Ostafrika die verbreitete Existenz von Sklaverei, wobei er eine Sklavenfrau in drastischen Worten als «Summe menschlicher Degradierung, als niederste Kreatur auf Gottes Erde» bezeichnete. Einige überlieferte Lebensgeschichten von Sklavinnen vermitteln in der Tat eindrucksvoll deren große Verwundbarkeit noch in den ersten Jahrzehnten kolonialer Herrschaft. Bwanikwa etwa wurde in den 1870er Jahren als kleines Mädchen im Gebiet des heutigen Sambia gekidnappt und dann mehrfach weiterverkauft. Als junge Frau gelang ihr einige Male die Flucht, doch ohne verwandtschaftliche Bindungen nützte ihr die Freiheit wenig – sie war gleichsam vogelfrei und geriet schon bald wieder in die Gewalt eines Mannes, der sie an arabische Händler weiterverkaufte. Schließlich fand sie Zuflucht in einer Missionsstation, wo sie zum Christentum konvertierte, für die Mission arbeitete und schließlich selbst missionarisch tätig wurde.[106]

Bis zum Ersten Weltkrieg kam es in einigen Gebieten, vor allem in Französisch-Westafrika, zu Massenfluchten von Sklaven; in den meisten Gebieten südlich der Sahara blieben die Sklaven aber, wo sie waren. Vielen gelang es jedoch, mit ihren Herren die Bedingungen ihrer Abhängigkeit neu zu verhandeln. In vielen afrikanischen Gesellschaften ging die Sklaverei in den ersten Jahrzehnten der Kolonialzeit in andere Formen der Zwangsarbeit über. So nahm insbesondere in Krisen- oder Hungerperioden, aber auch infolge der Steuerforderungen des kolonialen Staates die Verpfändung von Menschen in zahlreichen Regionen signifikant zu. Besonders Kinder dienten als Sicherheit für Kredite oder wurden zur Begleichung von Schulden «eingesetzt». Sie mussten dann etwa im Haushalt oder auf den Feldern des Kreditgebers bzw. des Gläubigers arbeiten. Theoretisch waren diese Frondienste zeitlich begrenzt. Da jedoch viele Menschen ihre Schulden oder Kredite nie zurückzahlen konnten, blieben viele Verpfändete dauerhaft in sklavenähnlichen Verhältnissen.[107]

Von der Sklaverei in die Prekarität?

«Freie Arbeit» war auch in der Kolonialzeit eine zentrale Kategorie kolonialer Ideologie, aber die Lücke zwischen Theorie und Praxis blieb beträchtlich. In ihrem Bestreben, die Kolonien rentabel zu machen, griffen die Europäer auch selbst auf verschiedene Instrumente zur Mobilisierung unfreier Arbeit zurück. Dies umfasste Zwangsarbeit, Einberufung in die Armee oder Polizeikräfte wie die Rekrutierung von Vertragsarbeitern durch eine Vielzahl dubioser Mittel. Zumeist hing die Aushebung von Arbeitskräften von einheimischen Mittlern ab, in der Regel Chiefs, die genauso versuchten, das koloniale System zu manipulieren, wie dieses System sie manipulierte, und die die Arbeitskräfte regelmäßig für ihre eigenen Zwecke nutzten, etwa für ihre Plantagen. Die eigentliche Rekrutierung war oft ein reichlich schmutziges Geschäft und verlief weitgehend im Dunkeln. Der britische Kolonialminister Lord Milner erklärte in den 1920er Jahren, er sei bestrebt, einen Mittelweg zwischen den Optionen zu finden, «den Einheimischen ein Leben in Faulheit und Laster zu gestatten und unlautere Mittel zu nutzen, sie zur Arbeit zu bewegen».[108]

Die Antisklavereibewegung ebenso wie der international lancierte Protest gegen die Ausbeutungspraktiken im Kongo unter dem Regime Leopolds II. bildeten einen wichtigen Rahmen für einen internationalen Diskurs über eine Art «Mindeststandard» von Menschenrechten, wie er sich im frühen 20. Jahrhundert entwickelte. Dieser Diskurs war eng verknüpft mit Fragen eines «sozialen Mindeststandards», er bezog sich auf das Auseinanderreißen von Familien und Gemeinschaften und die Gewalt der Arbeitsdisziplinierung in den Kolonien. Und er bezog sich auf die Ideologie der freien Arbeit. In diesem Zusammenhang wurde die komplexe Frage, «wie» und «warum» Menschen arbeiteten, zur Dichotomie zwischen freier und Zwangsarbeit transformiert. In dieser simplen Gestalt konnte die Arbeitsfrage internationalisiert werden. Und genau dies tat der Völkerbund. 1926 brachte er eine Antisklavereikonvention auf den Weg und erteilte zugleich der ILO den Auftrag, «to prevent compulsory labour or forced labour from developing conditions analogous to slavery». Resultat dieser Bemühungen war die ILO-Zwangsarbeitskonvention von 1930. Mit diesen beiden Abkommen wurde ein einziger Aspekt herausgestellt, der internationale Standards in Bezug auf Arbeit in den Kolonien definierte. Die Übereinkommen, welche die ILO im Verlauf der 1930er Jahre erarbeitete und die später zum *Native Labour Code* zusammengefasst wurden, kreisten allesamt um das Problem der Zwangsarbeit.[109]

Aus humanitärer Sicht setzte dieser erste normativ geprägte Umgang der ILO mit den Problemen kolonialer Arbeit den schlimmsten Missbräuchen sicherlich Grenzen. Doch jene Missionare und humanitär gesinnten Gruppen, die für die Eliminierung von der Sklaverei ähnlichen Formen der Arbeit aus dem Repertoire der Kolonialmächte stritten, legten eine sehr enge Definition von Zwangsarbeit zugrunde. Ihre Beschwörung einer jahrhundertealten Tradition der Gegnerschaft zur Sklaverei abstrahierte den Gegensatz zwischen freier und erzwungener Arbeit vom komplexen Geflecht aus Macht und sozialen Beziehungen, in dem arbeitende Menschen in Afrika tatsächlich agierten. Dies führte dazu, dass nicht zu Zwangsverhältnissen erklärte Formen der Arbeit von Kritik freigesprochen waren. Alles, was nicht als Sklaverei im engeren Sinne definiert wurde, rechtfertigte man als «freie Arbeit». So ließen sich viele repressive Praktiken unter den Teppich kehren oder rechtfertigen, vor allem dann im Zweiten Weltkrieg, als diverse Formen der

Zwangsarbeit im Namen der Bekämpfung des Faschismus so etwas wie eine Neuauflage erlebten.[110]

Nach 1945 distanzierten sich England und Frankreich offiziell zwar von Zwangsarbeit, aber sie verschwand auch in der Dekolonisationsperiode nicht und manifestierte sich in Gestalt des Baus neuer Dörfer in Kenia, Algerien und anderen Territorien, als Tausende vertrieben wurden, um sie von Widerstands- und Guerillabewegungen fernzuhalten. Auch in Programmen zum Boden- und Erosionsschutz griffen Kolonialverwaltungen auf Zwang zurück mit dem Argument, nur auf diese Weise könnten Afrikaner vor ihren vermeintlich rückständigen Praktiken bewahrt werden. Der koloniale Entwicklungsdiskurs, der in den 1930er Jahren begann und sich bis in die Zeit nach der Unabhängigkeit Afrikas fortsetzte, benannte Tätigkeiten, die ansonsten als Zwangsarbeit etikettiert worden wären, in «freiwillige Arbeit», «Selbsthilfe» oder «Investition in Humankapital» um. In diesem Kontext wurden bestimmte Bereiche afrikanischer Arbeit gleichsam unsichtbar gemacht und stattdessen als «Nutznießer», «Mitwirkende» oder «Freiwillige» konstruiert. Das Problem der unter Zwang durchgeführten Arbeit verschwand nicht. Es ist heute weit verzweigt, in zahlreichen Sektoren zu finden und in eine Vielzahl von Arbeitsverhältnissen eingewoben.[111]

Aus einer langfristigen historischen Perspektive wird deutlich, wie substantiell sich die Rolle von Afrikanern für die Kapitalakkumulation außerhalb des Kontinents gewandelt hat und wie eng diese Transformation mit dem Aspekt der Arbeit verknüpft ist. Zudem wirft diese Perspektive ein Licht auf die Problematik der Dichotomie von Frei/Unfrei. In der Zeit des transatlantischen Sklavenhandels zwischen dem 16. und 19. Jahrhundert wurden Afrikaner mit Zwang über den Atlantik zur Plantagenarbeit in die Amerikas verschifft. Viele starben auf der Überfahrt. Heute liegt die Initiative bei den Afrikanern selbst, die auf der Suche nach Lohnarbeit das Mittelmeer oder den Atlantik überqueren – nicht selten eine Reise in den Tod. Früher wurden die Migranten mit Gewalt gezwungen. Heute verlassen sie Afrika freiwillig in Richtung Europa und nehmen dafür große Anstrengungen, Kosten und enorme Risiken in

Kauf. In früheren Jahrhunderten rebellierten zahlreiche Sklaven afrikanischer Herkunft auf den Plantagen in der «Neuen Welt» und versuchten zu fliehen. Afrikanische Arbeiter, die heute ohne Papiere in Europa leben, versuchen ihrer Abschiebung zu entgehen. Sie arbeiten zumeist unter erbärmlichen Bedingungen, aber im Rahmen einer für kapitalistische Ökonomien typischen Prekarität, die durch die «Wahl» zwischen Arbeit und Verhungern charakterisiert ist. Ihre Existenz ist geprägt durch Vertreibung, das Ausgeliefertsein unter die Bedingungen von Migrationsregimen und die Notwendigkeit, neue soziale Netzwerke zu etablieren. Unternehmer in Europa können hingegen die Verwundbarkeit dieser Menschen ausnutzen, die nicht über die von Staaten heute verlangten Papiere verfügen.[112]

VII. Sklaverei heute

Was ist Sklaverei im 21. Jahrhundert?

Sind jene Arbeiter aus Afrika, die ohne Papiere auf Gemüsefarmen in Europa schuften, von ihren «Arbeitgebern» ausgebeutet werden und in ständiger Furcht vor der Ausweisung leben, «moderne Sklaven»? De iure ist Sklaverei heute weltweit abgeschafft. De facto existiert sie auch im 21. Jahrhundert, und zwar, folgen wir einer Reihe von Statistiken, in einem nie dagewesenen Ausmaß. Laut Global Slavery Index (GSI) fristeten 2014 35,8 Millionen Menschen ihr Dasein als Sklavinnen und Sklaven. Der in diesem Zusammenhang häufig benutzte Terminus «moderne Sklaverei» verweist etwa auf die Tatsache, dass sich die gegenwärtig «illegale» Sklaverei in neuere Formen der Infrastruktur einbetten muss: Flugzeuge, Internet oder aktuelle Formen des Finanzkapitalismus. Heute gibt es keine Besitzurkunden oder Kaufverträge über Sklaven, sondern gefälschte Arbeits- und Aufenthaltsgenehmigungen. Sklaven in diesem Jahrhundert sind im Gegensatz etwa zu den Hochzeiten der atlantischen Sklaverei billig und daher «Wegwerfware». Sie können jederzeit ersetzt werden.[113]

Zugleich handelt es sich bei den heutigen Formen der Sklaverei keineswegs um einen Bruch mit früheren Praktiken. Sklaven verrichten nach wie vor primär körperlich fordernde und sozial geringgeschätzte Arbeiten. Die Verschleppung von Menschen stellt weiterhin eine effektive Versklavungsstrategie dar. Zudem ist Sklaverei noch immer ein lukratives Geschäft. Im Übrigen stellte die Abolition keine unmittelbare Zäsur dar. Nicht nur ließen sich einige Staaten lange Zeit mit der Abschaffung der Sklaverei – in Mauretanien geschah dies, in einem vierten Anlauf, erst 1980. Wichtiger noch, sozioökonomische und ideologische Strukturen, die zum Teil über Jahrhunderte von der Sklaverei geprägt waren, erweisen sich als äußerst zäh und langlebig. Die tiefen gesellschaftlichen Gräben in den Vereinigten Staaten, geprägt von fortdauernder sozialer Marginalisierung der schwarzen Bevölkerung, weißer Suprematie und rassistischer Polizeigewalt, legen ein beredtes Zeugnis davon ab. Aber auch in Teilen Afrikas kann die – tatsächliche oder unterstellte – Sklavenvergangenheit einer Familie oder einer Person ein Stigma sein, das beispielsweise den Zugang zu Land oder politischen Positionen erschwert.

Der Einschätzung des Ausmaßes gegenwärtiger Sklaverei hängt nicht zuletzt von der Definition ab. Jene, die von ausbeuterischen Verhältnissen profitieren oder diese politisch schönfärben wollen, wehren sich dagegen, dass ihnen das Etikett «Sklaverei» angeheftet wird. So hielt der Sozialbeauftragte im indischen Bundesstaat Bihar, wo Kinder gegen ihren Willen gezwungen werden, unter harschen Bedingungen in Sarifabriken zu schuften, einem Journalisten entgegen: «Um Gottes willen, erzählen Sie mir nicht, dass es hier brutale Sklaverei gibt. Es gibt keine Stahlkäfige, alle sind frei.»[114] Andere, die daran interessiert sind, ihre Kritik an «modernen Sklavereien» möglichst wirksam zu formulieren, legen hingegen in der Regel eine möglichst weite Definition zugrunde. Der *Global Slavery Index* etwa subsumiert unter moderne Sklavereien vor allem drei Elemente: Menschenhandel, Sklaverei beziehungsweise sklavereiähnliche Praktiken sowie Zwangsarbeit. Antisklavereiaktivisten wie Kevin Bales und Becky Cornell nennen ebenfalls drei Kriterien: Kontrolle durch Gewalt, Verlust des freien Willens und wirtschaftliche Ausbeutung. Bestimmte Merkmale für Sklaverei wie Käuflichkeit und Verlust des freien Willens sind umstritten, wie überhaupt viele Tätigkeiten in einer Grauzone zwischen Sklaverei und freieren Arbeitsverhältnissen situiert sind.

Nicht zuletzt von der Definition hängen auch die Einschätzungen des Ausmaßes moderner Sklavereien ab, die zusätzlich durch die Tatsache erschwert werden, dass diese weitgehend im Verborgenen stattfinden. Die Mehrzahl der Zahlenwerke verortet das Gros der heutigen Sklaven im asiatisch-pazifischen Raum, vor allem in Indien, sodann in den afrikanischen Ländern südlich der Sahara. Aber auch in Europa finden sich nach einigen Schätzungen immerhin noch 560 000 Sklaven. Jenseits aller quantitativen Dimensionen kann festgehalten werden, dass auch heutige Sklaven ein breites Spektrum an Tätigkeiten ausüben, wobei sich ein Großteil auf Rohstoffgewinnung, einfache Verarbeitungsschritte oder Dienstleistungen konzentriert. Sexuelle Ausbeutung spielt eine erhebliche Rolle. Nahezu alle Opfer von Sklaverei teilen Armut, Geringqualifikation und Perspektivlosigkeit. Und sie geraten in der Regel auf vier Wegen in die Sklaverei: durch Kriegsgefangenschaft und Entführung, Kinderverkauf, Täuschung und Verschuldung. Erleichtert wird die Rekrutierung von Sklaven vielerorts durch Krieg und Armut. Wie immer man die Dimensionen moderner Sklavereien im Einzelnen bewerten mag, sie sind nicht das Resultat atavistischer Überbleibsel nichteuropäischer Gesellschaften, sondern vollziehen sich in und mit den Strukturen des globalen Kapitalismus.

Sklaverei und Politiken der Erinnerung

Dass die Frage der «modernen Sklavereien» überhaupt auf die Agenda von Politik und Öffentlichkeit gelangte, ist zu einem gewichtigen Teil politischen Aktivisten zu verdanken. Die Auseinandersetzung mit Sklavenhandel und Sklaverei war nie allein Teil des akademischen Elfenbeinturms, sondern vollzog sich stets in einem weiteren politischen und gesellschaftlichen Kontext. Die Themen waren immer auch – zu verschiedenen Zeiten und in wechselnder Intensität – kontrovers debattierte Gegenstände von Erinnerungspolitik, die sich zum Teil als Selbstbeweihräucherung manifestierten, aber auch in politische Forderungen mündeten. Frankreich erkannte 2001 als erster Staat überhaupt in einem von der Abgeordneten Christine Taubira eingebrachten Gesetz die Sklaverei als Verbrechen gegen die Menschlichkeit an, und an jedem 10. Mai gedenkt das Land nun feierlich der Abschaffung der Sklaverei, was freilich erbitterte öffentliche Dispute über den langen Schatten der Unfreiheit nicht einzudämmen vermochte. England feierte 2007 mit großem Aufwand das Gedenken zum 200. Jahrestag der Abolition. Der damalige Premierminister Tony Blair drückte sein tiefstes Bedauern aus, und unter Führung des Erzbischofs von Canterbury gedachte man in London mit einem «walk of witness» dieses traurigen Kapitels der Menschheitsgeschichte. In Liverpool eröffnete das *International Slavery Museum* seine Tore, das, wie die Internetseite seinerzeit verhieß, «ein größeres Bewusstsein für das Erbe der Sklaverei vermitteln» sollte. Freilich drängte sich vielen Beobachtern der Eindruck auf, dass die Briten vor allem sich selbst feierten, ihre Tugenden und ihre angeblich angeborene Freiheitsliebe.[115]

Auch in verschiedenen Ländern Afrikas fanden 2007 Feierlichkeiten zum Verbot des Sklavenhandels statt und verschärften eine Reihe von Kontroversen. Die Bedeutung des internen Handels mit Menschen in Afrika selbst sei auf dem Kontinent lange Zeit heruntergespielt wurde, weil sie nicht ins Geschichtsbild der jungen Nationen gepasst habe, bemerkten Kritiker wie der senegalesische Historiker Ibrahima Thioub. Andere sehen darin hingegen ein Ablenkungsmanöver, um von den Verbrechen des wesentlich von Europäern initiierten atlantischen Sklavenhandels abzulenken. In jedem Fall haben sich an vielen Orten in Afrika Nachfahren ehemaliger Sklaven organisiert, um gegen ihre fortdauernde Marginalisierung anzugehen.[116] Auf Jamaika etablierte sich in den 2010er Jahren eine engagierte, von dem Historiker und Rektor der *University of the West Indies* Hilary Beckles koordinierte Bewegung, die mit Reparationsforderungen für die durch Sklavenhandel und Sklaverei erlittenen Schäden an die britische Regierung herantrat, freilich 2015 vom damaligen britischen Premier David Cameron anlässlich seines Besuchs auf Jamaika beschieden wurde, es sei Zeit, dieses schmerzhafte Erbe hinter sich zu lassen und sich auf die Zukunft zu konzentrieren.[117] Die blockierende Haltung der britischen Regierung und staatlicher Stellen in dieser Frage gerät jedoch zunehmend unter Druck. Dies zeigte sich etwa im Juni 2020 in Bristol, als Demonstrierende die Statue des Sklavenhändlers Edward Colston demontierten und ins Hafenbecken warfen und damit auf die Verbindung zwischen der unaufgearbeiteten Vergangenheit der Sklavenhandelsnation England und dem aktuellen Rassismus verweisen wollten.

In den Vereinigten Staaten ist das Thema der Sklaverei und ihrer Folgen nicht nur in der Literatur gegenwärtig – man denke nur an das Werk Toni Morrisons oder Colin Whiteheads Roman «Underground Railway» –, auch Kino und Fernsehen haben sich seiner immer wieder angenommen. Das 2016 eingeweihte spektakuläre Nationalmuseum für afroamerikanische Geschichte und Kultur unterstreicht mit Nachdruck die Rolle von Schwarzen beim Aufbau und für den Wohlstand des Landes. Und doch: Nicht erst seit der Tötung George Floyds im Mai 2020 durch Polizisten während einer Festnahme ist offenkundig, dass die Folgen der Sklaverei bei weitem nicht überwunden sind und Rassismus weiterhin ubiquitär ist. Wie schwer sich zentrale Einrichtungen in den Vereinigten Staaten noch immer mit dem Erbe der Sklaverei tun und wie viel dieser Geschichte lange verdrängt wurde, zeigt das Vorgehen der Universitäten, die gerade erst mit der Aufarbeitung dieses düsteren Kapitels begonnen haben. Ihr Beispiel wirft abschließend ein Schlaglicht auf die Politik des Erinnerns an Sklaverei.[118]

Signalisiert der Versuch, die Rolle von Sklaverei in den Hochschulen aufzuarbeiten, eine neue, durch größere Integration geprägte Epoche in der Geschichte der Vereinigten Staaten, oder handelt es sich lediglich um eine weitere Variante der «Political Correctness» auf dem nordamerikanischen Campus? Die amerikanische Öffentlichkeit reagiert jedenfalls oft mit Überraschung, wenn sie von den Verstrickungen der Universitäten in die Sklaverei erfährt. Das spricht nicht zuletzt «für die anhaltende Unfähigkeit der Nation, Umfang, Ausmaß und historische Bedeutung der Sklaverei angemessen wahrzunehmen». Zugleich reflektiert dieses Erstaunen aber «eine Art kognitiver Dissonanz», die Schwierigkeit, eine Institution wie die Sklaverei mit den Idealen und Werten zusammenzuführen, die wir gemeinhin mit Universitäten verbinden: Fortschritt, Aufklärung und das ungebremste Streben nach Wissen.

Gleichwohl kann es eigentlich nicht überraschen, dass der Schatten der Sklaverei auch in den Universitäten zu finden ist. Schließlich war institutionalisierte Knechtschaft zweieinhalb Jahrhunderte ein zentrales Charakteristikum der nordamerikanischen Gesellschaft. An der Wall Street wurden Sklaven lange Zeit als Sicherheit für Darlehen und Hypotheken akzeptiert. Die mit einer bronzenen Freiheitsstatue verzierte Rotunde des Kapitols in Washington wurde von versklavten Arbeitern errichtet. Zehn der ersten zwölf Präsidenten der Vereinigten Staaten besaßen Sklaven, ebenso wie Hunderte von Kongressabgeordneten und Senatoren sowie mindestens zwei Drittel der Juristen, die vor 1865 dem Obersten Gerichtshof dienten. Abolitionisten stellten damals eine kleine, oft bedrängte Minderheit dar. Und doch lösen einige der Enthüllungen der neueren Forschungen tiefes Befremden aus: Dreißig Mitglieder des Verwaltungsrats des College of Long Island, der heutigen Brown Universität, nannten Sklavenschiffe ihr Eigen. Sklaven wurden in einer Auktion auf den Treppen des Hauses des Präsidenten der Princeton Universität verkauft. Die Mittel für den ersten Stiftungslehrstuhl in Rechtswissenschaften an einer amerikanischen Universität, den Royall Chair in Harvard, entstammten aus Einkünften einer Sklavenplantage in Antigua. Der Präsident der Universität von Alabama peitschte höchstpersönlich einen Sklaven in seinem Büro aus. Und Studierende der Medizinhochschule von Virginia wurden an den Leichen von versklavten Männern und Frauen ausgebildet, deren Körper man danach einfach in einer nahegelegenen Kuhle entsorgte. Solche Beispiele ließen sich nahezu beliebig multiplizieren. Noch wichtiger ist die Routine der Sklaverei an amerikanischen Universitäten, von Männern, Frauen und Kindern, die Unterrichtsräume errichteten, Essen kochten, die Gelände in Schuss hielten und die Latrinen leerten.

Es gab aber auch Universitätspräsidenten und Professoren, die lieber ihr Amt aufgaben, als dass sie sich mit Sklaverei arrangierten, studentische Redner, die Sklaverei als moralisches und politisches Übel brandmarkten; einige Universitäten dienten als Zentren der aufkommenden Abolitionsbewegung. Dazu gehörte etwa Harvard, das viele Kritiker der Sklaverei wie Ralph Waldo Emerson und Henry David Thoreau zu seinen Absolventen zählte, zugleich jedoch seinen Fakultätsmitgliedern explizit untersagte, sich zur Abschaffung dieser Institution der Unfreiheit zu äußern. Universitäten sind beileibe nicht die einzigen nordamerikanischen Einrichtungen, deren Entwicklung eng mit Sklaverei verbunden war. Dank der jüngeren Forschungen gehören die Hochschulen jedoch zu den Ersten, die zugestehen, dass diese Verknüpfungen lange ignoriert wurden. Diese Einsicht als modische Reue und Trend zur Selbstkasteiung zu diffamieren, wie es Rechte gerne tun, geht völlig am Problem vorbei. Forschungsvorhaben zu Universitäten und Sklaverei haben nicht zuletzt deutlich gemacht, wie viele Informationen verloren, unterdrückt oder als nicht der Aufbewahrung wert erachtet wurden. Jenseits der vielen neuen Daten und Fakten vermögen diese Projekte eine Art Segregation der nationalen Erinnerung oder zumindest eine willentliche Amnesie aufzudecken.

Jene, die etwa die Verharmlosung von Sklaverei durch den ehemaligen amerikanischen Präsidenten Woodrow Wilson sowie seinen Rassismus nicht länger verschweigen wollten und die Umbenennung eines nach ihm benannten Instituts an der Universität Princeton (deren Präsident Wilson Anfang des 20. Jahrhunderts war) erfolgreich durchgesetzt haben, sind daher keine linken Tugendwächter, sondern legen den Finger in die Wunde eines langen Verschweigens und Verdrängens. Sklaverei ist nicht allein ein – inzwischen jedenfalls für einige Epochen und Regionen – gut erforschtes Phänomen der Vergangenheit. Sie manifestiert sich bis heute in diversen Praktiken, Ideologien, sozialen und wirtschaftlichen Hierarchien, Landschaften und Monumenten. Eine kontinuierliche Auseinandersetzung damit eindringlich einzufordern, insbesondere durch jene, deren Vorfahren oder die selbst zu den Geschädigten dieses Komplexes gehören, ist ein Gebot der Stunde.

Anmerkungen

1 William Shakespeare, *Hamlet*, übersetzt. v. A. W. Schlegel, Ditzingen 2014, 2. Akt, 2. Szene, S. 69. T. Barnard/G. Heuman, Introduction, in: Dies. (Hg.), *The Routledge History of Slavery*, London/New York 2011, S. 1–15, hier: S. 1.
2 D. B. Davis, Looking at Slavery from Broader Perspectives, in: *American Historical Review* 105 (2000), S. 452–466.
3 ILO, *Global Estimates of Modern Slavery: Forced Labour and Forced Marriage*, Genf 2017. Siehe auch Kap. VII.
4 Vgl. Michael Zeuskes ambitionierten und anregenden Versuch, die Globalgeschichte der Sklaverei «von den Anfängen bis zur Gegenwart» mit Hilfe eines Modells von Entwicklungsepochen (Plateaus) von Sklavereien zu fassen. M. Zeuske, *Handbuch Geschichte der Sklaverei. Eine Globalgeschichte von den Anfängen bis zur Gegenwart*, Berlin/Boston 2013; ders., *Sklaverei. Eine Menschheitsgeschichte von der Steinzeit bis heute*, Ditzingen 2018.
5 M. I. Finley, *Ancient Slavery and Modern Ideology*, London 1980, S. 9.
6 Für das kontroverse Argument, KZ-Arbeit auch als Sklavenarbeit zu deuten, vgl. M. Buggeln, *Slave Labor in Nazi Concentration Camps*, Oxford 2014.
7 C. Geulen, *Geschichte des Rassismus*, München 2007, S. 43.
8 J. C. Miller, *The Problem of Slavery as History. A Global Approach*, New Haven 2012, S. 16.
9 Ebd., S. 16f.
10 S. Hanß/J. Schiel, Einleitung: Semantiken, Praktiken und transkulturelle Perspektiven mediterraner Sklaverei, in: Dies. (Hg.), *Mediterranean Slavery Revisited (500–1800)*, Zürich 2014, S. 25–45, hier: S. 35.
11 S. Hanß, «Sklaverei im vormodernen Mediterraneum, Tendenzen aktueller Forschung», in: *Zeitschrift für Historische Forschung* 40 (2013), S. 623–661.
12 O. Patterson, *Slavery as Social Death: A Comparative Study*, Cambridge/Ma. 1982.
13 V. Brown, Social Death and Political Life in the Study of Slavery, in: *American Historical Review* 114 (2009), S. 1231–1249;

W. Johnson, On Agency, in: *Journal of Social History* 37 (2003), S. 113–124.

14 Miller, *Problem*, S. 19.

15 L. Kuchenbuch, Meine zehn Zürcher Gebote für künftige Forschungen zur Sklaverei, in: Hanß/Schiel, *Mediterranean Slavery*, S. 559 f.

16 Für eine geografisch und zeitlich umfassende Perspektive auf Sklaverei vgl. jetzt P. Ismard (Hg.), *Welten der Sklaverei. Eine vergleichende Geschichte*, Berlin 2023. Ein 2019 an der Universität Bonn eingerichtetes Forschungszentrum zur Abhängigkeitsforschung (www.dependency.uni-bonn.de) arbeitet mit dem Konzept der «asymmetrischen Abhängigkeit» und nimmt neben der Sklaverei alle möglichen anderen Formen der Dependenz wie Schuldknechtschaft, Zwangsarbeit, Dienstbarkeit, Leibeigenschaft, Hausarbeit, aber auch Lohnarbeit in den Blick. Dabei fokussiert es vor allem auf Epochen, Räume und Kontexte in verschiedenen Weltregionen, die (noch) nicht der europäischen Kolonisierung ausgesetzt waren. Vgl. etwa J. Bischoff/S. Conermann (Hg.), *Slavery and Other Forms of Strong Asymmetrical Dependencies – Semantics and Lexical Fields*, Berlin 2022.

17 Zu den Beispielen vgl. J. Schiel, Mord von zarter Hand. Der Giftmordvorwurf im Venedig des 15. Jahrhunderts, in: Hanß/Schiel, *Mediterranean Slavery*, S. 201–228; R. Law, *Ouidah. The Social History of a West African Slaving ‹Port›, 1727–1892*, Oxford 2004; M. Nazer mit D. Lewis, *Sklavin*, München 2002.

18 P. Hunt, *Ancient Greek and Roman Slavery*, Hoboken/NJ. 2018.

19 Zit. nach W. Eck/J. Heinrichs (Hg.), *Sklaven und Freigelassene in der Gesellschaft der römischen Kaiserzeit*, Darmstadt 1993, S. 3.

20 Aristoteles, *Politik*, 1254 b 10–1255 a 2 (Übers. E. Schütrumpf, Hamburg 2012, S. 26 f.).

21 D. B. Davis, The Problem of Slavery, in: S. Drescher/S. L. Engerman (Hg.), *A Historical Guide to World Slavery*, Oxford 1998, S. IX–XVIII.

22 B. Wagner-Hasel, *Antike Welten*, Frankfurt/M./New York 2017, S. 91.

23 D. Braund, The slave supply in classical Greece; W. Scheidel, The Roman Slave Supply, beide in: K. Bradley/P. Cartledge (Hg.), *The Cambridge World History of Slavery, Bd. 1: The Ancient Mediterranean World*, Cambridge 2011, S. 112–133; 287–310.

24 E. Flaig, Den Untermenschen konstruieren, in: E. Hermann-Otto (Hg.): *Antike Sklaverei*, Darmstadt 2013, S. 57–72, hier: S. 58.

25 K. Bradley, *Slavery and Society at Rome*, Cambridge 1994, Kap. 4.
26 Ebd., Kap. 7.
27 Hunt, *Ancient*, Kap. 8; E. Hermann-Otto, *Sklaverei und Freilassung in der griechisch-römischen Welt*, Hildesheim 2009; R. MacLean, *Freed Slaves and Roman Imperial Culture. Social Integration and the Transformations of Value*, Cambridge 2018.
28 Hunt, *Ancient*, S. 212–214.
29 J. Schiel, Sklaven, in: M. Borgolte (Hg.), *Migrationen im Mittelalter*, Berlin 2012, S. 251–266, hier: S. 252. J. Fynn-Paul/D. A. Pargas (Hg.): *Slaving Zones. Cultural Identities, Ideologies, and Institutions in the Evolution of Global Slavery*, Leiden 2018.
30 U. Ott, Europas Sklavinnen und Sklaven im Mittelalter. Eine Spurensuche im Osten des Kontinents, in: *Werkstatt Geschichte* 66/67 (2014), S. 31–53, hier: S. 52.
31 W. Rösener, Neue Forschungen zur Sklaverei im mittelalterlichen Europa, in: *Zeitschrift der Savigny-Stiftung für Rechtsgeschichte* 134 (2017), S. 1–39, hier: S. 16–18.
32 Ott, Europas Sklavinnen, S. 51 f. (Zitat: S. 52).
33 Hanß, Sklaverei, S. 640 f.
34 S. McKee, Domestic Slavery in Renaissance Italy, in: *Slavery and Abolition* 29 (2008), S. 305–326.
35 J. Meissner u. a., *Schwarzes Amerika. Eine Geschichte der Sklaverei*, München 2008, S. 35–37; P. D. Curtin, *The rise and fall of the plantation complex. Essays in Atlantic history*, 2. Aufl., Cambridge 1998, S. 4–8.
36 R. A. Austen, *Sahara. Tausend Jahre Austausch von Ideen und Waren*, Berlin 2012, bes. S. 50–55; J. Wright, *The Trans-Saharan Slave Trade*, London/New York 2007; E. Savage (Hg.), *The Human Commodity. Perspectives on the Trans-Saharan Slave Trade*, London 1992.
37 Vgl. J. Hathaway: *The Chief Eunuch of the Ottoman Harem: From African Slave to Power-Broker*, Cambridge 2018.
38 R. C. Davis, *Christian Slaves, Muslim Masters. White Slavery in the Mediterranean, the Barbary Coast and Italy, 1500–1800*, Basingstoke 2003; L. Colley, *Captives. Britain, Empire and the World, 1600–1800*, New York 2002.
39 G. Campbell (Hg.), *The Structure of Slavery in African Indian Ocean and Asia*, London 2004; M. Mann, *Sahibs, Sklaven und Soldaten. Geschichte des Menschenhandels rund um den Indischen Ozean*, Darmstadt 2011.
40 A. Schottenhammer, Slaves and Forms of Slavery in Late Imperial

China (Seventeenth to Early Twentieth Centuries), in: Campbell, *Structure of Slavery*, S. 143–154.

41 G. Campbell, Slavery in the Indian Ocean World, in: Heuman/Burnard, *Routledge History*, S. 52–63, hier: S. 52.

42 G. Campbell, *An Economic History of Imperial Madagascar, 1750–1895: The Rise and Fall of an Island Empire*, Cambridge 2005.

43 N. Wordon, *Slavery in Dutch South Africa*, Cambridge 1985.

44 Zur Reise der Diligent R. Harms, *Das Sklavenschiff. Eine Reise in die Welt des Sklavenhandels*, München 2004.

45 Die beständig aktualisierte Datenbank ist abrufbar unter: www.slavevoyages.org. Die Literatur zum Thema türmt sich in den Bibliotheken zu Bergen. Ein guter Einstieg: D. Eltis/D. Richardson, *Atlas of the Transatlantic Slave Trade*, New Haven 2010.

46 H. Raphael-Fernandez/P. Wiegmink, German entanglements in transatlantic slavery: an introduction, in: *Atlantic Studies* 14 (2017), S. 419–435; K. Weber, Deutschland, der atlantische Sklavenhandel und die Plantagenwirtschaft in der Neuen Welt, in: *Journal of Modern European History* 7 (2009), S. 37–67; T. David u. a., *Schwarze Geschäfte. Die Beteiligung von Schweizern an Sklaverei und Sklavenhandel im 18. und 19. Jahrhundert*, Zürich 2005.

47 Zahlen nach T. Burnard, The Atlantic slave trade, in: Heuman/Burnard, *Routledge History*, S. 80–97, hier: S. 91 f.

48 D. Eltis, *The Rise of African Slavery in the Americas*, Cambridge 2000; J. Thornton, *Africa and Africans in the Making of the Atlantic World*, Cambridge 1992.

49 D. Richardson, Shipboard Revolts, African Authority, and the Atlantic Slave Trade, in: *William and Mary Quarterly* 58 (2001), S. 68–92.

50 E. Christopher, *Slave Ship Sailors and their Captive Cargoes, 1730–1807*, Cambridge 2006, S. 28 f.

51 M. Rediker, *The Slave Ship. A Human History*, New York 2007, S. 9 f.; M. Zeuske, *Sklavenhändler, Negreros und Atlantikkreolen. Eine Weltgeschichte des Sklavenhandels im Atlantischen Raum*, Berlin/Boston 2015, S. 193 f.

52 Zit. n. A. Wirz, *Sklaverei und kapitalistisches Weltsystem*, Frankfurt/M. 1984, S. 12. V. Carretta, *Equiano the African. Biography of a Self-Made Man*, Athens/Ga. 2005. S. Mustakeem, *Slavery at Sea: Terror, Sex, and Sickness in the Middle Passage*, Urbana 2016.

53 P. Gilroy, *The Black Atlantic. Modernity and Double Consciousness*, Cambridge/Ma. 1993.

54 J. Osterhammel, *Sklaverei und die Zivilisation des Westens*, München 2000, S. 29.
55 J. Kocka, *Geschichte des Kapitalismus*, München 2013, S. 58.
56 G. M. Hall, *Slavery and African Ethnicities in the Americas. Restoring the Links*, Chapel Hill/NC. 2005; P. D. Morgan, *Slave Counterpoints: Black Culture in the Eighteenth-Century Chesapeake and Low Country*, Chaple Hill/NC 1998; J. H. Sweet, *Recreating Africa. Culture, Kinship, and Religion in the African-Portuguese World, 1441–1770*, Chapel Hill/NC 2003.
57 J. Thornton, *A Cultural History of the Atlantic World, 1350–1820*, Cambridge 2012.
58 R. v. Mallinckrodt: Verhandelte (Un-)Freiheit. Sklaverei, Leibeigenschaft und innereuropäischer Wissenstransfer am Ausgang des 18. Jahrhunderts, in: *Geschichte und Gesellschaft* 43 (2017), S. 347–380; dies. u. a. (Hg.), *Beyond Exceptionalism. Traces of Slavery and the Slave Trade in Early Modern Germany*, Berlin 2021.
59 O. Ette: *Anton Wilhelm Amo. Philosophieren ohne festen Wohnsitz. Eine Philosophie der Aufklärung zwischen Europa und Afrika*, Berlin 2014.
60 G. Freyre, *Herrenhaus und Sklavenhütte. Ein Bild der brasilianischen Gesellschaft*, München 1990 (1933).
61 S. B. Schwartz, *Sugar Plantations in the Formation of Brazilian Society: Bahia, 1505–1835*, New York 1985; J. Fragoso/A. Rios, Slavery and Politics in Colonial Portuguese America: The Sixteenth to the Eighteenth Centuries, in: D. Eltis/S. Engerman (Hg.), *The Cambridge World History of Slavery, Bd. 3: AD 1420–AD 1804*, Cambridge 2011, S. 350–377.
62 M. Karasch, *Slave Life in Rio de Janeiro, 1808–1850*, Princeton 1987; J. J. Reis, The Revolution of the Ganhadores: Urban Labor, Ethnicity and the African Strike of 1857 in Bahia, Brazil, in: *Journal of Latin American Studies* 29 (1997), S. 355–393.
63 J. Lorand Matory, *Black Atlantic Religion. Tradition, Transnationalism, and Matriarchy in the Afro-Brazilian Candomblé*, Princeton 2005.
64 S. Mintz, *Die süße Macht. Kulturgeschichte des Zuckers*, Frankfurt/M./New York 2007.
65 Meissner u. a., *Schwarzes Amerika*, S. 42.
66 S. L. Engerman/B. W. Higman, The Demographic Structure of the Caribbean Slave Societies in the Eighteenth and Nineteenth Century, in: F. W. Knight (Hg,), *General History of the Caribbean*,

Bd. 3: The Slave Societies of the Caribbean, London 2007, S. 45–104.

67 Zit. n. Wirz, *Sklavenhandel*, S. 101.

68 V. Brown, *Tacky's Revolt. The Story of an Atlantic Slave War*, Cambridge/Ma. 2020.

69 I. Berlin, *Many Thousands Gone. The First Two Centuries of Slavery in North America*, Cambridge/Ma. 1998.

70 F. Knight, *Working the Diaspora. The Impact of African Labor on the Anglo-American World, 1650–1850*, New York 2010; W. Hawthorne, From «Black Rice» to «Brown»: Rethinking the History of Risiculture in the Seventeenth and Eighteenth Century Atlantic, in: *American Historical Review* 115 (2010), S. 151–163.

71 P. Kolchin, *American Slavery, 1619–1877*, New York 1993.

72 W. Johnson, *Soul by Soul. Life inside the Antebellum Slave Market*, Cambridge/Ma. 2001.

73 S. Beckert, *King Cotton. Eine Geschichte des globalen Kapitalismus*, München 2014, bes. S. 116–124.

74 N. Finzsch u.a., *Von Benin nach Baltimore. Die Geschichte der African Americans*, Hamburg 1999, S. 138 f.

75 R. Blackburn, *The Overthrow of Colonial Slavery, 1776–1848*, London 1988.

76 L. Dubois, *Avengers of the New World: The Story of the Haitian Revolution*, Cambridge/Ma. 2004; C. Fick, *The Making of Haiti. The Saint-Domingue Revolution From Below*, Knoxville/TN 1990.

77 J. Burbank/F. Cooper, *Imperien der Weltgeschichte. Das Repertoire der Macht vom Alten Rom und China bis heute*, Frankfurt/M./New York 2012, S. 291 f.

78 Zitat Gobineau nach C. Fluehr-Lobban, Anténor Firmin: Haitian Pioneer of Anthropology, in: *American Anthropologist* 102 (2000), S. 449–466, hier: S. 459; Zitat Spencer St. John nach J. M. Charles, The Slave Revolt That Changed the World and the Conspiracy Against It: The Haitian Revolution and the Birth of Scientific Racism, in: *Journal of Black Studies* 51 (2020), S. 275–294, hier: S. 287.

79 S. Buck-Morss, *Hegel und Haiti*, Berlin 2011.

80 D. B. David, *Slavery and Human Progress*, New York 1984, S. 108.

81 Für diesen Abschnitt vgl. A. Eckert, Aufklärung, Sklaverei und Abolition, in: W. Hardtwig (Hg.), *Die Aufklärung und ihre Weltwirkung*, Göttingen 2010, S. 243–262, bes. 255–257 (dort weitere Belege).

82 Geulen, *Rassismus*, S. 48.

83 Zit. nach D. B. Davis, *Inhuman Bondage. The Rise and Fall of Slavery in the New World*, Oxford 2006, S. 71 f. Zitat Hegel nach Wirz, *Sklaverei*, S. 52.

84 Osterhammel, *Sklaverei*, S. 51 f.

85 C. L. Brown, *Moral Capital: Foundations of British Abolitionism*, Chapel Hill/NC 2006.

86 Osterhammel, *Sklaverei*, S. 60.

87 L. Colley, *Britons. Forging the Nation 1707–1837*, New Haven 1992, S. 354.

88 Zit. nach Meissner u. a., *Schwarzes Amerika*, S. 232.

89 D. Eltis, *Economic Growth and the Ending of the Atlantic Slave Trade*, Oxford 1987.

90 M. Rediker, *The Amistad Rebellion. An Atlantic Odyssey of Slavery and Freedom*, New York 2012; M. Zeuske, *Die Geschichte der Amistad. Sklavenhandel und Menschenschmuggel auf dem Atlantik im 19. Jahrhundert*, Stuttgart 2012 (Zitat S. 13).

91 Zit. nach Zeuske, *Amistad*, S. 106.

92 K. Manjapra, When will Britain face up to its crimes against humanity? *The Guardian*, 29.3.2018. Auf der Webseite des Centre for the Study of the Legacies of British Slavery des University College London finden sich Listen mit Personen, die für den «Verlust» ihrer Sklaven kompensiert wurden. www.ucl.ac.uk/lbs/

93 W. G. Clarence-Smith: *Islam and the Abolition of Slavery*, London 2006.

94 J. E. Inikori, *Africans and the International Revolution in England. A Study in International Trade and Economic Development*, Cambridge 2002; M. Berg/P. Hudson, *Slavery, Capitalism and the Industrial Revolution*, Cambridge 2023.

95 T. C. Holt, *The Problem of Freedom. Race, Labor and Politics in Jamaica and Britain, 1832–1938*, Baltimore 1992; S. Drescher, *The Mighty Experiment. Free Labor versus Slavery in British Emancipation*, Oxford 2002.

96 F. Cooper, From Enslavement to Precarity? African Labor History in a Global Context, in: W. Adebani (Hg.), *Beyond the Margins. The Political Economy of Life in Modern Africa*, Woodbridge 2017, S. 135–156, hier: S. 152.

97 Besonders nuanciert für den brasilianischen Fall: S. Chalhoub, The Politics of Ambiguity. Conditional Manumission, Labor Contracts and Slave Emancipation in Brazil (1850s–1888), in: *International Review of Social History* 60 (2015), S. 405–439.

98 S. Beckert/S. Rockman (Hg.), *Slavery's Capitalism. A New History*

of American Economic Development, Philadelphia 2016; S. Rockman, *Scraping By: Wage Labor, Slavery, and Survival in Early Baltimore*, Baltimore/Md. 2009.

99 A. Stanziani, *Bondage. Labor and Rights in Eurasia from the Sixteenth to the Early Twentieth Centuries*, New York 2014.

100 D. Robinson, *Muslim Societies in African History*, Cambridge 2004.

101 P. D. Curtin (Hg.), *Africa Remembered. Narratives by West Africans from the Era of the Slave Trade*, Madison/Wisc. 1967, S. 17–59.

102 P. Lovejoy, *Transformations in Slavery: A History of Slavery in Africa*, 3. Aufl., Cambridge 2012.

103 R. Law Hg.), *From Slave Trade to ‹Legitimate› Commerce. The commercial transition in nineteenth-century West Africa*, Cambridge 1995; F. Cooper, *Plantation Slavery on the East Coast of Africa*, New Haven 1977.

104 F. Cooper, Conditions Analogous to Slavery. Imperialism and Free Labor Ideology in Africa, in: Ders. u. a., *Beyond Slavery. Explorations of Race, Labor, and Citizenship in Postemancipation Societies*, Chapel Hill/NC 2000, S. 107–149.

105 S. Miers/M. Klein (Hg.), *Slavery and Colonial Rule in Africa*, London 1998.

106 M. Wright, *Strategies of Slaves and Women. Life Stories from East/Central Africa*, New York 1993, Kap. 7.

107 P. E. Lovejoy/T. Falola (Hg.), *Pawnship, Slavery, and Colonialism in Africa*, Trenton/NJ. 2003.

108 Zit. nach F. Cooper, African Workers and Imperial Designs, in: P. D. Morgan/S. Hawkins (Hg.), *Black Experience and the Empire*, Oxford 2004, S. 296 f.

109 F. Cooper, Social Rights and Human Rights in the Time of Decolonization, in: *Humanity* 3 (2012), S. 473–492, hier: S. 482.

110 A. Keese, Searching for the Reluctant Hands. Obsession, Ambivalence and the Practice of Organising Involuntary Labour in Colonial Cuanza-Sul and Malange Districts, Angola, 1926–1945, in: *The Journal of Imperial and Commonwealth History* 41 (2013), S. 238–258.

111 B. Rossi, *From Slavery to Aid. Politics, Labour, and Ecology in the Nigerien Sahel, 1800–2000*, New York 2015.

112 Cooper, From Enslavement, S. 140 f.

113 J.-C. Marschelke, Moderne Sklavereien, in: *Aus Politik und Zeitgeschichte* 65 (2015), S. 15–23.

114 E. B. Skinner, *Menschenhandel. Sklaverei im 21. Jahrhundert*, Bergisch-Gladbach 2008, S. 280.

115 F. Verge, Les troubles de la mémoire: traite négrière, esclavage, et écriture de l'histoire, in: *Cahiers d'Études Africaines* 179/80 (2005), S. 1143–1177; D. T. Gleason/S. Lewis (Hg.): *Ambigious Anniversary. The Bicentennial of the International Slave Trade Bans*, Columbia 2012.

116 A. Bellagamba u. a. (Hg.), *Bitter Legacies. African Slavery Past and Present*, Princeton 2013; I. Thioub, Regard critique sur les lectures Africaines de l'esclavage et de la traite atlantique, in: I. Mandé/B. Stefanson (Hg.), *Les historians Africains et la mondialisation*, Paris 2005, S. 271–292.

117 H. M Beckles, *Britain's black debt: Reparations for Caribbean slavery and native genocide*, Kingston 2013; A. L. Araujo, *Reparations for slavery and the slave trade. A transnational and comparative history*, London 2017.

118 L. M. Harries u. a. (Hg.), *Slavery and the University. Histories and Legacies*, Athens/GA 2019 (folgende Zitate: S. 4). Für die gegenwärtige Debatte über Sklaverei in den USA ist vor allem das 2019 von der New York Times initiierte, seither kontrovers diskutierte «1619 Project» von Bedeutung, das eine Neuinterpretation der nordamerikanischen Geschichte vorlegt. Das zentrale Argument der Artikelserie lautet: Die nationale Entwicklung der Vereinigten Staaten fußt nicht auf dem 4. Juli 1776, dem Tag der Verkündung der Unabhängigkeitserklärung, sondern auf dem August 1619, als die ersten afrikanischen Sklaven in Virginia anlandeten. Vgl. N. Hannah-Jones (Hg.), *1619. Eine neue Geschichte der USA*, München 2022.

Literaturempfehlungen

Allgemein

Bradley, K. u. a. (Hg.), *The Cambridge World History of Slavery*. Bd. 1: *The Ancient Mediterranean World*, hg. v. K. Bradley/P. Cartridge (Cambridge 2011); Bd. 3: *AD 1420 – AD 1804*, hg. v. D. Eltis/S. Engerman (Cambridge 2011); Bd. 4: *AD 1804 – AD 2016*, hg. v. D. Eltis u. a. (Cambridge 2017).

Campbell, G. u. a. (Hg.): *Women and Slavery*, 2 Bde., Athens/OH 2007, 2008.

Campbell, G. u. a. (Hg.): *Children in Slavery through the Ages*, Athens/OH 2009.

Drescher, S. / Engerman, S. (Hg.): *A Historical Guide to World Slavery*, New York 1998.

Engerman, S. u. a. (Hg.): *Slavery*, Oxford 2001.

Fay, M. A. (Hg.): *Slavery in the Islamic World. Its Characteristics and Commonality*, Basingstoke 2019.

Finkelman, P. / Miller, J. C. (Hg.): *Macmillan Encyclopedia of World Slavery*, 2 Bde., New York 1998.

Hermann-Otto, E. (Hg.): *Unfreie Arbeits- und Lebensverhältnisse von der Antike bis zur Gegenwart. Eine Einführung*, Hildesheim 2005.

Heuman, G. / Burnard, T. (Hg.): *The Routledge History of Slavery*, London/New York 2011.

Ismard, P. (Hg.), *Welten der Sklaverei. Eine vergleichende Geschichte*, Berlin 2023.

Meillassoux, C.: *Anthropologie der Sklaverei*, Frankfurt/M. 1989.

Miller, J. C.: *The Problem of Slavery as History: A Global Approach*, New Haven 2012.

Osterhammel, J.: *Sklaverei und die Zivilisation des Westens*, München 2000.

Patterson, O.: *Slavery and Social Death: A Comparative Study*, Cambridge/Ma. 1982.

Toledano, E. R.: *As If Silent and Absent: Bonds of Enslavement in the Islamic Middle East*, New Haven 2007

Walvin, J.: *A Short History of Slavery*, London 2007.

Zeuske, M.: *Handbuch Geschichte der Sklaverei. Eine Globalgeschichte von den Anfängen bis zur Gegenwart*, Berlin/Boston 2013.

Zeuske, M.: *Sklaverei. Eine Menschheitsgeschichte von der Steinzeit bis heute*, Ditzingen 2018.

Antike und Mittelalter

Bradley, K.: *Slavery and Society at Rome*, Cambridge 1994.
Finley, M.: *Die Sklaverei in der Antike. Geschichte und Probleme*, Frankfurt/M. 1985.
Hanß, S. / Schiel, J. (Hg.): *Mediterranean Slavery Revisted (500–1800)/ Neue Perspektiven auf Mediterrane Sklaverei (500–1800)*, Zürich 2014.
Hunt, P.: *Ancient Greek and Roman Slavery*, Hoboken 2018.
Hermann-Otto, E. (Hg.): *Antike Sklaverei*, Darmstadt 2013.
Karras, R. M.: *Slavery and Society in Medieval Scandinavia*, New Haven 1988.
MacLean, R.: *Freed Slaves and Roman Imperial Culture. Social Integration and the Transformation of Values*, Cambridge 2018.
Schmermaier, M. (Hg.), *The Position of Roman Slaves – Social Relations and Legal Differences*, Berlin 2023.
Schumacher, L.: *Sklaverei in der Antike. Alltag und Schicksal der Unfreien*, München 2001.

Der Handel mit Menschen aus Afrika

Allen, R.: *European Slave Trading in the Indian Ocean, 1500–1850*, Athens/OH 2015.
Austen, R. A.: *Sahara. Tausend Jahre Austausch von Ideen und Waren*, Berlin 2012.
Campbell, G.: *Africa and the Indian Ocean World from Early Times to Circa 1900*, New York 2019.
Chatterjee, I./Eaton, R. M. (Hg.): *Slavery and South Asian History*, Bloomington 2006.
Christopher, E. u. a. (Hg.): *Many Middle Passages: Forced Migration and the Making of the Modern World*, Berkely 2007.
Curtin, P. D.: *The Atlantic Slave Trade: A Census*, Madison/Wisc. 1969.
Eltis, D./Richardson, D. (Hg.): *Extending the Frontiers. Essays on the New Transatlantic Slave Trade Database*, New Haven 2008.
Hartman, S., *Lose Your Mother: A Journey Along the Atlantic Slave Route*, New York 2007.
Hunwick, J./Powell, E. T.: *The African Diaspora in the Mediterranean Muslim World*, Princeton 2002.

Klein, H. S.: *The Atlantic Slave Trade*, New York 1999.
Mann, M.: *Sahibs, Sklaven und Soldaten. Geschichte des Menschenhandels rund um den Indischen Ozean*, Darmstadt/Mainz 2012.
Miller, J. C.: *Way of Death: Merchant Capitalism and the Angolan Slave Trade, 1730–1830*, Madison/Wisc. 1988.
Rediker, M.: *The Slave Ship: A Human History*, New York 2007.
Smallwood, S.: *Saltwater Slavery. A Middle Passage from Africa to American Diaspora*, Cambridge/Ma. 2007.
Wright, J.: *The Trans-Saharan Slave Trade*, London/New York 2007.

Plantagensklaverei im Atlantischen Raum

Beckert, S.: *King Cotton. Eine Geschichte des globalen Kapitalismus*, München 2014.
Beckles, H./Shepherd V. A. (Hg.): *Caribbean Slavery in the Atlantic World*, Kingston/Oxford 2000.
Berlin, I.: *Many Thousands Gone: The First Two Centuries of Slavery in North America*, New York 1998.
Berlin, I.: *Generations of Captivity. A History of American Slaves*, Cambridge/Ma. 2003.
Blackburn, R.: *The Making of New World Slavery. From the Baroque to the Modern*, London/New York 1997.
Brahm, F./Rosenhaft, E. (Hg.): *Slavery Hinterland. Transatlantic Slavery and Continental Europe, 1680–1850*, Woodbridge 2016.
Brown, V.: *The Reaper's Garden. Death and Power in the World of Atlantic Slavery*, Cambridge/Ma. 2008.
Eltis, D. u. a. (Hg): *Slavery in the Development of the Americas*, New York 2004.
Ferreira, R.: *Cross-Cultural Exchange in the Atlantic World. Angola and Brazil during the Era of the Slave Trade*, Cambridge 2012.
Genovese, E. D.: *Roll, Jordan, Roll. The World the Slaves Made*, New York 1972.
Gomez, M.: *Exchanging Our Country Marks: The Transformation of African Identities in the Colonial and Antebellum South*, Chapel Hill/NC 1998.
Higman, B. W: *Plantation Jamaica. 1750–1850: Capital and Control in a Colonial Economy*, Kingston 2005.
Johnson, W.: *River of Dark Dreams: Slavery and Empire in the Cotton Kingdom*, Cambridge/Ma. 2013.
Mann, K./Bay, E. G. (Hg.): *Rethinking the African Diaspora. The Ma-*

king of a Black Atlantic World in the Bight of Benin and Brazil, London 2001.

Meissner, J. u. a.: *Schwarzes Amerika. Eine Geschichte der Sklaverei*, München 2008.

Morgen, J.: *Laboring Women: Reproduction and Gender in New World Slavery*, Philadelphia 2004.

Miller, J. C. (Hg.): *The Princeton Companion to Atlantic History*, Princeton/Oxford 2015.

Schwartz, S.: *Sugar Plantations in the Formation of Brazilian Society. Bahia, 1550–1835*, Cambridge 1985.

Schwartz, S. (Hg.): *Tropical Babylons: Sugar and the Making of the Atlantic World, 1430–1680*, Chapel Hill/NC 2004.

Sheridan, R. B.: *Sugar and Slavery: An Economic History of the British West Indies, 1623–1775*, Baltimore 1974.

Wirz, A.: *Sklaverei und kapitalistisches Weltsystem*, Frankfurt/M. 1984.

Abolition und Emanzipation

Blackburn, R.: *The Overthrow of Colonial Slavery, 1776–1848*, London 1988.

Clarence-Smith, W. G.: *Islam and the Abolition of Slavery*, London 2006.

Cooper, F. u. a.: *Beyond Slavery. Explorations of Race, Labor, and Citizenship in Postemancipation Societies*, Chapel Hill/NC 2000.

Davis, D. B.: *The Problem of Slavery in the Age of Revolution*, 2. Aufl., New York 1999.

David, D. B.: *The Problem of Slavery in the Age of Emancipation*; New York 2014.

Draper, N.: *The Price of Emancipation: Slave-ownership, Compensation and British Society at the End of Slavery*, Cambridge 2010.

Drescher, S.: *The Mighty Experiment. Free Labour vs. Slavery in British Emancipation*, Oxford 2002.

Dubois, L.: *A Colony of Citizens: Revolution and Slave Emancipation in the French Caribbean 1878–1804*, Chapel Hill/NC 2004.

Eltis, D.: *Economic Growth and the Ending of the Atlantic Slave Trade*, Oxford 1987.

Everill, B.: *Not Made by Slaves. Ethical Capitalism in the Age of Abolition*, Cambridge/Ma. 2020.

Ferrer, A.: *Freedom's Mirror. Cuba and Haiti in the Age of Revolution*, New York 2014.

Gates Jr., H. L./Andrews, W. L. (Hg.): *Pioneers of the Black Atlantic.*

Five Slave Narratives from the Enlightenment 1772–1815, Washington/DC 1998.

Geggus, D. P.: *The Impact of the Haitian Revolution in the Atlantic World*, Columbia 2001.

Hall, C. u. a. (Hg.): *Legacies of British Slave-ownership: Colonial Slavery and the Formation of Victorian Britain*, Cambridge 2014.

Harms, R. u. a. (Hg.): *Indian Ocean Slavery in the Age of Abolition*, New Haven 2013.

James, C. L. R.: *The Black Jacobins, Toussaint L'Ouverture and the San Domingo Revolution*, London 2001 (1938).

Lindsay, L. A.: *Atlantic Bonds: A Nineteenth Century Odyssey from America to Africa*, Chapel Hill/NC 2017.

Major, A.: *Slavery, Abolition and Empire in India, 1772–1843*, Liverpool 2012.

Nafafé, J. L., *Lourenço da Silva Mendonça and the Black Atlantic Abolitionist Movement in the Seventeenth Century*, Cambridge 2022.

Oldfield, J. R.: *Transatlantic Abolitionism in the Age of Revolution: An International History of Anti-Slavery, c. 1787–1820*, Cambridge 2013.

Peterson, D. R. (Hg.): *Abolitionism and Imperialism in Britain, Africa, and the Atlantic*, Athens/OH 2010.

Scott, R./Hébrard, J.-M.: *Freedom Papers. An Atlantic Odyssey in the Age of Emancipation*, Cambridge/Ma. 2012.

Sinha, M.: *The Slave's Cause. A History of Abolition*, New Haven 2016.

Van der Linden, M. (Hg.): *Humanitarian Intervention and Changing Labor Relations. The Long-Term Consequences of the Abolition of the Slave Trade*, Leiden 2011.

Wood, M.: *The Horrible Gift of Freedom. Atlantic Slavery and the Representations of Emancipation*, Athens/OH 2010.

Zeuske, M.: *Die Geschichte der Amistad. Sklavenhandel und Menschenschmuggel auf dem Atlantik im 19. Jahrhundert*, Stuttgart 2012.

Sklaverei in Afrika

Candido, M. P.: *An African Slaving Port and the Atlantic World: Benguala and Its Hinterland*, Cambridge 2013.

Cooper, F.: *From Slaves to Squatters: Plantation Labor and Agriculture in Zanzibar and Coastal Kenya 1890–1925*, New Haven 1980.

Diouf, S. A. (Hg.): *Fighting the Slave Trade: West African Strategies*, Athens/OH 2003.

Green, T.: *A Fistful of Shells: West Africa from the Rise of the Slave Trade to the Age of Revolution*, Chicago 2019.

Greene, S. E.: *West African Narratives of Slavery: Texts from Late Nineteenth- and Early Twentieth-Century Ghana*, Bloomington 2011.

Klein, M.: *Slavery and Colonial Rule in French West Africa*, Cambridge 1998.

Lovejoy, P. E.: *Transformations in Slavery. A History of Slavery in Africa*, 3. Aufl., Cambridge 2012.

Mann, K.: *Slavery and the Birth of an African City: Lagos, 1760–1900*, Bloomington 2007.

Manning, P.: *Slavery and African Life: Occidental, Oriental, and African Slave Trades*, Cambridge 1990.

Miers, S./Kopytoff, I. (Hg.): *Slavery in Africa: Historical and Anthropological Perspectives*, Madison/Wisc. 1977.

Miers, S./Klein, M. A. (Hg.): *Slavery and Colonial Rule in Africa*, London 1999.

Rodney, W.: *Afrika. Geschichte einer Unterentwicklung*, Berlin 1975.

Stillwell, S.: *Slavery and Slaving in African History*, Cambridge 2014.

Sklaverei heute

Araujo, A. L.: *African Heritage and Memories of Slavery in Brazil and the South Atlantic World*, Amherst 2015.

Bales, K.: *Blood and Earth. Slavery, Econocide, and the Secret to Saving the World*, New York 2016.

Bales, K./Cornell, B.: *Moderne Sklaverei*, Hildesheim 2008.

Conermann, S. u. a. (Hg.), *Cultural Heritage and Slavery. Perspectives from Europe*, Berlin 2023.

Harris, L. M. u. a. (Hg.): *Slavery and the University: Histories and Legacies*, Athens/GA. 2019.

Lawrance, B./Roberts, R. (Hg.): *Trafficking in Slavery's Wake: The Experience of Women and Children*, Athens/OH 2012.

Miers, S.: *Slavery in the Twentieth Century: The Evolution of a Global Pattern*, Walnut Creek 2003.

Quirk, J.: *The Anti-Slavery Project. From Slave Trade to Human Trafficking*, Philadelphia 2011.

Schmieder, U./Zeuske, M. (Hg.): *Erinnerung an Sklaverei*, Leipzig 2012 (=*Comparativ* 22,2).

Shaw, R.: *Ritual Memories of the Slave Trade: Ritual and the Historical Imagination in Sierra Leone*, Chicago 2002.

Personenregister

Sachregister